Machleidt · Vater und Tochter

Wielant Machleidt

Vater und Tochter

Gefühlslandschaften einer Beziehung

2. Auflage 1993

Deutscher Studien Verlag · Weinheim

Über den Autor:
Wielant Machleidt, Prof. Dr. med., Jg. 42, Psychiater und Psychotherapeut,
ist Professor für Psychiatrie an der Universität zu Köln.

Die Deutsche Bibliothek – CIP-Einheitsaufnahme

Machleidt, Wielant:
Vater und Tochter : Gefühlslandschaften einer Beziehung /
Wielant Machleidt. – 2. Aufl.,
Weinheim : Deutscher Studien Verlag, 1993
    ISBN 3-89271-319-7

1. Auflage 1992
2. Auflage 1993

Druck nach Typoskript

© 1992 Deutscher Studien Verlag · Weinheim
Druck: Druck Partner Rübelmann, 6944 Hemsbach
Seriengestaltung des Umschlags: Atelier Warminski, 6470 Büdingen 8
Printed in Germany

ISBN 3 89271 319 7

Vorwort

Die Gefühlslandschaften, die sich bei der Begegnung von Vater und Tochter auftun, sind reich in ihren Farbtönen und Nuancen und von großer Faszination. Dies geht aus den Erlebnisschilderungen vieler Väter und Töchter hervor und bildet auch meinen eigenen Erfahrungshintergrund. Soviel Gutes und Kreatives aus einem harmonischen Umgang von Vater und Tochter lebenslang hervorgehen kann, soviel Leid kann eine mißlungene Beziehung bedeuten. Welche Wendung sich in einem Vater- oder Tochterleben anbahnt, wenn es therapeutisch gelingt, eine Beziehungskorrektur herbeizuführen, habe ich bei meiner psychotherapeutischen Arbeit häufig eindrucksvoll erfahren. Aus den (Übertragungs-) Gefühlen, die ich bei der Behandlung meiner Analysepatientin Beate S. entwickelte, entstand der Gedanke, mich mit der Vater-Tochter-Beziehung aus der Sicht des Vaters näher zu beschäftigen.

Dabei kam mir entgegen, daß ich als Tochter-Vater einer gerade ödipalisierenden Tochter schon mit dem Thema in nähere Bekanntschaft gekommen war. Was sich so leicht und gut anfühlte und viel Spaß machte, entpuppte sich literarisch und wissenschaftlich als steiniges Terrain. Nicht umsonst gibt es zum Vater-Tochter-Thema diesseits des Inzests wenig "quer" gedachte Entwürfe. Diese gefühlvolle Thematik bietet viele Sackgassen, von denen ich zum Glück nicht jede bis zu ihrem Ende durchschreiten mußte. Ermutigung von außen und überraschende Funde bei der Ausarbeitung ließen mich neue Wege einschlagen, so daß die Arbeit bis zum Ende nichts an Faszination einbüßte. Während meine Analysetochter ihren Weg zur Ablösung fand, hat sich der, den sie zurückließ, den Abschied durch das Schreiben erleichtert.

Was entstand, ist eine *Affekt*typologie, die Wesentliches über die "Physiognomie" des Umganges von Vater und Tochter miteinander aussagt. Das ist nicht verwunderlich. Denn kann die Vater-Tochter-Beziehung eine andere als eine hochgradig *gefühlige* sein? Der Hauptaffekt, der all das prägt, was zwischen ihnen vorgeht, wird als wesentliches Element der Interaktion betrachtet und herausgestellt. Die damit assoziierten Handlungs- und Kognitionsmuster tragen die Züge der magischen Reifungsebene. Die beiden Dimensionen der Persönlichkeit also, die für eine Typologie in Frage kommen, sind die Affektqualität und die Reifungsebene. Daraus ergibt sich eine neue Sicht von Persönlichkeit und Beziehung, für die ich eine Fülle lebendiger Beispiele in Kunst und Literatur und besonders in Märchen fand. Vignetten aus der Analyse von Beate S. illustrieren die Entwicklung einer Tochter und ihre Wandlungen in verschiedene Typen bis zu ihrer Befreiung. Das Vater-Tochter-Thema ist mit dieser Typologie noch nicht erschöpft, aber ein Stück weitergekommen in dem Verständnis einiger seiner grundlegenden Strukturmerkmale. Wer sich lieber mit einer bewegenden Biographie, als mit dem Affektmodell einlesen möchte, dem kann ich empfehlen, bei der Geschichte der Beate S. zu beginnen.

Mein Dank gilt meiner Analyse-Tochter Beate S. und meiner Tochter Anna, die mich erleben ließen, was es bedeutet, ein Tochter-Vater zu sein. Die Lebendigkeit und Zuneigung, die mir beide entgegenbrachten, haben meine Phantasie beflügelt. Meiner Frau Gilta verdanke ich einfühlsames Verständnis.

Anita Ockel hat mir vielfältige Einsichten vermittelt. Ilse Wrage hat den Therapeuten hilfreich begleitet. Katrin Fürst und Arne Schmidt haben Ideen beigesteuert und dem Manuskript zur Druckreife verholfen.

Köln, im Oktober 1991   Wielant Machleidt

Inhaltsverzeichnis

1 Affekttypologie der Vater-Tochter-Beziehung

Eine affekttypologische Charakterisierung der Vater-Tochter Beziehung ist bisher, soweit ich sehe, aus der psychoanalytischen Theorie nicht hervorgegangen. Dies hat verschiedene Gründe.

Einer der Gründe ist sicher, daß das ödipale Paradigma für eine Systematisierung der Vater-Tochter-Beziehung aus der im ödipalen Dreieck eingenommenen Position wenig hergibt. Zwischen der positiven und der negativen Form des "Ödipus" existieren alle nur erdenklichen Übergänge und eine sich ständig verändernde Dynamik (Steffens 1986). Die beiden Extrempositionen - die Liebe für den Vater und der Haß gegen die Mutter (positive Form) oder die Liebe für die Mutter und der Haß gegen den Vater (negative Form) - suggerieren eine Affektpolarität, die tatsächlich eine weitaus reichere qualitative Vielfalt aufweist. Die primäre Liebe ist das, was Vater und Tochter miteinander verbindet. Aus dieser keimt der Liebeswunsch auf, aber auch die Liebesangst und der Liebesschmerz oder Haß, Wut und kämpferische Gefühle, die Hochgefühle Lust und Freude ebenso wie die Trauer um ihren Verlust. Für solche feineren Unterscheidungen der affektiven Tönung in der Beziehungskonfiguration ist aus dem Ödipus-Theorem wenig Prägnantes zu gewinnen. Das Schicksal der Beziehung aber, so meine Hypothese, entscheidet sich an seiner affektiven Prägung. Wie einzelne Gefühlsqualitäten deren Charakter bestimmen und Vater und Tochter einander ausweichen, aufeinanderprallen oder sich finden lassen, wird im folgenden eingehend dargestellt. Zunächst möchte ich einen Blick auf andere bedenkenswerte Versuche werfen, die Vater-Tochter-Beziehung in ihrem Kern zu fassen.

Es gibt Denkmodelle, die als Orientierung für eine Typologie der Vater-Tochter-Beziehung hätten dienen können. In erster Linie sowohl die genetische Typologie, in der ein oraler, analer und phallischer Charakter unterschieden wird: Analität und Oralität sind als Vorstufen der Libido komplexe Gebilde. Enthalten ist im ersteren die Lust, der "Hunger" nach Einverleibung durch Saugen (frühe orale Stufe) und die aggressive Zerstörung des Objektes durch Beißen und Verschlingen (oral-sadistische Stufe). Orale Versagungen, Verzichte oder Trennungen

führen zu depressiven Gefühlen. Die anal-sadistische Stufe mit ihren de-
fäkationsgebundenen Bedeutungen - wie Ausstoßen und Zurückhalten - ist
eine Äußerungsform des Sadomasochismus, also aggressiver Impulse.

Würde man z.B. diese beiden Begriffe zur Charakterisierung der
Vater-Tochter-Beziehung benutzen, so würde ihre Komplexität wenig
Eindeutiges über den Grundzug ihrer Interaktion aussagen. Darüber hinaus würde mit diesen Begriffen etwas über die Libido-Entwicklungsebene
der Beziehung ausgesagt. In einem Begriff werden also höchst unter-
schiedliche Aussagen über die Beziehung vereinigt. Ein Ansatz, der verschiedene Ebenen voneinander differenziert, wäre erfolgversprechender.

Die klinische Typologie schreibt nach Schultz-Henke (1965) vier
charakterliche Grundstrukturen fest: hysterisch, zwanghaft, depressiv,
schizoid. Klassifiziert man hiernach, so ist die Vater-Tochter-Beziehung
unter dem Begriff "hysterisch" einzuordnen. Um hier nicht der "Patho-
philie" zu verfallen, muß angefügt werden, daß der Begriff des Hysterischen, gebraucht man ihn nicht beschränkt auf das Psychopathologische,
alles Erotische und Sinnliche, einschließlich kultureller Sublimations-
formen mitumfaßt.

Aus dieser Sicht bildet das Psychopathologische der klassischen
Hysterie nur einen verschwindend kleinen Teil. In dem Gesamtbereich
des "Hysterischen" ist die Vater-Tochter-Beziehung aus dieser Sicht unter
persönlichkeitstypologischem Aspekt angesiedelt.

Einzelne Entwürfe erscheinen ganz plausibel. Horney z.B. unterscheidet einen gefügigen, einen abgelösten und einen aggressiven Beziehungstyp. Fromm unterteilt in fünf Typen: die rezeptive, die ausbeu-
tende, die hortende, die schachernde und die produktive Orientierung
(Hoffmann 1983). Balint (1973) beschreibt Oknophile und Philobaten
(s.u.).

Mein Entwurf ist eine Typologie der Vater-Tochter-Beziehung,
unter Hintanstellung herkömmlicher persönlichkeitstypologischer An-
sätze. Der Kerngedanke dabei ist die inzwischen gut begründete Erkenntnis, daß die Emotionalität und Affektivität - ein Affekt ist ein heftiges
Gefühl (Emotion), bei dem auch infantile Erlebnismuster -Archaismen-
an die Oberfläche kommen - ein grundlegendes Element der psychischen
Organisation ist (Ekman 1988, Izard 1981, Kruse 1991, Machleidt et al.
1989, 1991 u.v.a.m.). Diese macht die Tönung dessen aus, was gemeinhin
unter dem integrativen Begriff der Persönlichkeit verstanden wird und

prägt natürlich nachhaltig die Physiognomie der Beziehungsmuster und ganz besonders die sensibelste und verletzlichste, aber auch die schönste aller hochgradig gefühligen Beziehungen, eben die Vater- Tochter-Beziehung.

Jeder typologische Ansatz macht Reduzierungen notwendig. Die Gesichtspunkte, nach denen hier typisiert werden soll, sind im wesentlichen zwei, das Reifungsniveau und die Affektqualität. Beide bieten den Vorteil, daß sie zwei eigenständige Dimensionen der Persönlichkeit repräsentieren. Ihre Interferenz wird im Verhaltensausdruck sichtbar. Infantiles Verhalten geht ubiquitär mit unreiferen Gefühlsausdrücken einher als differenzierteres. Welches psychische Phänomen auch immer analysiert wird, es liegt immer im Schnittpunkt dieser beiden und in diesem Sinne voneinander unabhängigen Betrachtungsebenen, die sich deshalb für eine Systematisierung anbieten.

Die erste Achse also repräsentiert die Reifungsebene. Dabei kommt mir die Aussage von Mentzos (1980) entgegen, daß der hysterische Modus auf allen Reifungsebenen nachweisbar ist, also durchgehend von der Verdichtung in der Psychose über die narzißtische und ödipale Stufe, bis zur "Verdünnung" in der Normalität. Die Brauchbarkeit dieser vertikalen Systematisierungsebene bedarf keiner besonderern Begründung, sie ist unbestritten. Doch ist damit noch kein "Typ" gefunden. Das Reifungsniveau allein ist also nicht ausreichend.

Welche affektiven Typisierungsmöglichkeiten stehen zur Verfügung? Aktivität und Passivität sind bei Freud Modalitäten des Trieblebens (Laplanche und Pontalis 1975, 1.Bd., S. 5), d.h. Möglichkeiten, das Triebziel zu erreichen. Dies sind keine Triebunterscheidungen und auch keine affektdifferenzierenden Verschiedenheiten.

Auf der Ebene der Phantasie sind Aktivität und Passivität (Synonym männlich-weiblich und phallisch-kastriert) simultan oder alternierend immer gegenwärtig. Beide Begriffe sind deshalb wenig für eine zweite Systematisierungsachse geeignet, weil damit eine Komplementarität und nicht etwa etwas prinzipiell voneinander Unterscheidbares bezeichnet wird. Die aktive Tochter trüge ihre passive Seite also stets in sich, genauso wie die passive Tochter ihre aktive.

De la Motte-Haber (1983) unterscheidet die gehorsame von der ungehorsamen Tochter. Die ungehorsame Tochter ist das Lieblingskind des Vaters und wird zu seiner Todesgöttin wie das Beispiel Brünhilde und

Wotan zeigt. Die gehorsame Tochter, die vom Vater nur halbherzig akzeptiert wird, ist bereit, ihm ihr Leben zu opfern wie bei Antigone und König Ödipus. Sicherlich findet man diese Tochter-Typen in Dramen und Mythen, allerdings ist diese Dichotomisierung wegen der mangelnden Vielfalt noch unbefriedigend. Die weiterführenden Fragen an diese beiden Töchter müssen lauten, was denn ihrem Gehorsam bzw. ihrem Ungehorsam zugrunde liegt. Von welchem Affekt wird das eine oder andere getragen? Ist der Gehorsam bzw. der Ungehorsam Zeichen für etwas Grundlegendes im Beziehungstyp dieser Töchter?

Der Versuch von Leonard (1985), Tochter-Typen darzustellen, bietet interessante Seiten gerade auch im Blick auf den eigenen Entwurf. Sie schreibt aus ihrer Erfahrung als Therapeutin und im Rückgriff auf Vater-Tochter-Darstellungen in Kunst und Literatur. Sie unterscheidet im wesentlichen zwei Typen: das "ewige Mädchen" und die "geharnischte Amazone" und ordnet jedem dieser Haupttypen vier Untertypen zu. Die Charakterisierungen des "Püppchens" - die "unschuldige Tochter" - und der "Krieger-Königin" - die "geharnischte Tochter" - z.B. sind überzeugend, weil der affektive Grundton sicher getroffen wird. Bei den anderen gelingt dies weniger gut, und die Stilisierung einzelner Typen wird durch Überschneidungen unscharf. Kritikwürdig ist auch die Zweigliederung der Haupttypen. Sie beruht grosso modo auf dem Aktiv-Passiv-Schema mit dessen impliziten Nachteilen. Der Wunsch nach einem theoretisch schlüssigen Modell, mit dem die Typisierungen nachzuvollziehen wären, bleibt leider unerfüllt.

Auf der Suche nach einer zweiten Dimension der Persönlichkeit und einer weitgehend unabhängigen Systematisierungsachse fiel mir bei meinen "Analyse-Töchtern" und in Märchen, Mythen, Kunst und Literatur auf, daß die Vater-Tochter-Beziehungstypen sich spezifisch in der Affektbesetzung des Vater- bzw. Tochter-Objektes voneinander unterscheiden lassen. Vorrausetzung dafür ist allerdings, daß eine qualitative Unterscheidung der Affekte den analytischen Blick beflügelt. Die Literatur ist geradezu ein Eldorado für die Suche nach solchen stilisiert herausgearbeiteten Affekt-Typen. Darauf komme ich später zurück.

Es lassen sich die Gefühlsbesetzungen, das Gefühl also, das der Vater der Tochter oder umgekehrt die Tochter dem Vater hauptsächlich entgegenbringt, unter dem Aspekt der Affektdifferenzierung analysieren

(Blanck und Blanck 1980, Izard 1981, Lungwitz 1954, Machleidt et al. 1989). Der libidinöse Impuls der Tochter gegenüber dem Vater oder umgekehrt, kann demzufolge entsprechend der Affektbesetzung des Vater- oder Tochter-Objektes eine hungrig-sehnsüchtige (Liebeshunger, Liebessehnsucht), ängstlich-distanzierte (Liebesangst, Liebeshemmung, Liebesscham, Liebesscheu), geharnischt-kämpferische (Liebeskampf, Liebesaggression, Liebesschmerz), traurig-aufopferungsvolle (Liebestrauer, Liebesverlust, Liebesversagung) oder befreiend-lustvolle (Liebeslust, Liebesfreude/n) Gefühlstönung haben.

Die hier differentiell aufgeführten emotionellen Qualitäten sind in der psychoanalytischen Theorie vorhanden, allerdings unter verschiedenen Zuordnungen. Aus der Sicht eines differentiellen Affektverständnisses gibt es keine empirisch begründbaren Notwendigkeiten, Aggression als Trieb, Angst aber als Reaktion einzuordnen. Beide sind basale Affekte mit eigener Qualität.

Die zweite Systematisierungsebene also, die eine horizontale ist, läßt sich durch fünf differentielle Affekte darstellen, die als emotionelle Entitäten angesprochen werden können, nämlich *Hunger* in einem universellen Sinne, auch Neugier, Sehnsucht, Wünschen, Intention oder Interesse, als Initialgefühl am Anfang aller Erlebnisabläufe schlechthin; *Angst* mit ihren tausend und mehr Gesichtern, die bei der Annäherung an das Gewünschte oder Ersehnte auftritt; *Schmerz* als der empfundene und Aggression als der nach außen abgegebene oder dem anderen zugefügte Schmerz, als das Gefühl des Kampfes, der Tat oder der Aktion, wie in: "Wer tut, der leidet" enthalten ist; *Trauer* als Ablösungs-, Versagungs-, Erduldungs- oder Verlustgefühl und schließlich *Freude* oder Lust als die Erfüllungsgefühle. Ich kann mich auf diese fünf Grundgefühle beschränken. Grundgefühle oder -affekte nennt man sie deshalb, weil sorgfältige Studien ergeben haben, daß sie sich im Hirnstrombild des Menschen (EEG) mit unverwechselbaren und reproduzierbaren Mustern abbilden (Machleidt et al. 1988, 1989, Debus, Machleidt, Hinrichs 1991, Machleidt 1991), typische Veränderungen der Gesichtsmimik hervorrufen (Ekman 1988) und in ganz verschiedenen Kulturen ähnlich erlebt und beschrieben werden (Davitz 1969).

Meine Hypothese ist, daß die Affekte generell und jeweils ein Hauptaffekt für die Objektbesetzung in der Vater-Tochter-Beziehung entscheidend sind und die Beziehung grundlegend bestimmen. Alle weiteren Gefühle - die Nebenaffekte -, die Vater und Tochter einander entgegenbringen, sind entsprechend der hauptsächlichen affektiven Objektbesetzung nuanciert oder werden von dieser überlagert. So kann sich der Liebeswunsch der Tochter in verschiedene affektive Gewänder kleiden und sich überwiegend in der Sehnsucht nach dem Vater ausdrücken, der Angst vor dem Vater, der aggressiven Auseinandersetzung mit dem Vater, der traurig-versagenden Liebe zum Vater und der Freude, Lust und Befriedigung über die Liebe zum Vater. Das Triebschicksal des libidinösen Impulses, also des Liebeswunsches, ist abhängig von der Affektbesetzung und dessen Qualität.

In Analogie also zu den Systematisierungsansätzen der psychoanalytischen Charakterologie erfolgt auch hier die Einteilung des Beziehungstyps nach der Art, wie der Impuls - hier aber affektiv - abgewehrt oder bewältigt wird.

In der Normalbeziehung sind diese Gefühlstönungen bereits erkennbar. Im Konfliktfall bekommt die affektive Objektbesetzung Abwehr- und damit "Symptomcharakter". Dann erschöpft sich der Liebesimpuls z.B. in der Sehnsucht nach dem Vater, wobei das ersehnte Objekt selbst fernbleiben muß, oder der libidinöse Impuls muß im Kampf mit dem Vater zerstört werden. Dafür gebe ich noch Beispiele. Der Liebesimpuls erleidet im Konfliktfall also (s)ein affektives Schicksal. Er fällt dem spezifischen Abwehrcharakter des Affekts zum Opfer, mit dem die Tochter das Vater-Objekt und umgekehrt besetzt.

Der Hauptaffekt also ist gemeint, der den bewußten und unbewußten Phantasien, Träumen und Handlungen zugrunde liegt und die Psychodynamik der Vater-Tochter-Beziehung ausmacht. Nach den oben differenzierten Affekten kann der libidinöse Impuls also sehnsüchtig, ängstlich, aggressiv, traurig-depressiv oder auch hochgefühlig-"manisch" abgewehrt werden. In dem spezifischen Konflikt, der sich zwischen Vater und Tochter konstelliert, liegt implikat nicht nur die infantile Fixierung, sondern auch die Gefühlseinstellung, die die affektive Objektbesetzung ausmacht.

Damit sind zwei Systematisierungsebenen für die Vater-Tochter-Beziehung beschrieben, die elementar und auf die normale und die pathologische Beziehung anwendbar sind. Natürlich sind diese Ebenen, wie schon angedeutet, nicht vollständig unabhängig voneinander. So ist die Phänomenologie der Gefühle von der Reifungsebene abhängig: Eine psychotische Angst unterscheidet sich von einer narzißtischen, einer ödipalen, oder etwa reifen Realangst, sie ist aber immer als Angst erkennbar und z.B. von Trauer auf verschiedenen Reifungsebenen phänomenologisch ohne Schwierigkeit abzugrenzen. Was sich in der Psychose zum Verfolgungswahn verdichtet, "verdünnt" sich mit höherer Entwicklungsebene mehr und mehr und schrumpft zur Befürchtung.

Im Konflikt wählen Vater wie Tochter sowohl im Zurück auf der Reifungsebene (Regression) wie im Bereich der affektiven Objektbesetzung die Ebene, die ihnen am meisten Sicherheit vor dem Abzuwehrenden verspricht. Eine affektive und Reifungsebene also, auf der sie ohne persönliche Einbußen optimal standhalten können.

Die im folgenden dargestellten Töchter und Väter sind Idealtypisierungen, also überhöht und stilisiert beschrieben in ihrer frühen oder reiferen (ödipalen) Abwehr und den damit einhergehenden infantilen Phantasien, ihren narzißtischen Allmachtansprüchen, ihren psychotischen Verdichtungen und ihrer "verdünnten" Normalität, sprich ihrem normalen Bewältigungsvermögen.

Eine Verknüpfung phänomenologischer und psychodynamischer Elemente erweist sich als methodisch fruchtbar. Bei den geschilderten Tochtergestalten wird deutlich, daß eine opferbereite Tochter (deren dominierender Hauptaffekt Trauer ist), auch noch eine meist kleinere, z.B. eine sehnsüchtige Tochter (mit einem unstillbarer Liebeshunger als Nebenaffekt), in sich haben kann. Auch eine Entwicklung vom "Püppchen" Nora - Hauptaffekt infantile Angst - zur "geharnischten" Nora - Hauptaffekt reifere Aggression - kann sich vollziehen. Sowohl eine Individualentwicklung, verbunden mit einem Wechsel bei den Hauptaffekten, als auch die "Tochter in der Tochter" sind implizite Variationen im Modell.

Die Geschichte einer meiner "Analyse-Töchter" und zahlreiche Beispiele aus Märchen, Kunst und Literatur dienen im Folgenden zur Veranschaulichung des Gesagten.

2 Die alltägliche Geschichte der Beate S.

2.1 Erste Begegnung

Am augenfälligsten sind für mich, gleich bei der Begrüßung, ihre großen erwartungsvollen Augen und ihre embryonale Kopfform. Soll ich einen Embryo nähren und großziehen? Kann ich das leisten? Sie läßt sich erschöpft in den von mir angebotenen Sessel fallen. Sie wirkt gehetzt, ausgelaugt und sehr fragil. In der entstehenden Verschnaufpause fällt mir auf, daß sie ganz kurzgeschnittenes ringelgelocktes dunkelblondes Haar hat und jungenhaft wirkt. Dieser Eindruck wird verstärkt durch ihre Kleidung, ein grobes verwaschenes Männerhemd und eine Leinenhose. An den Füßen trägt sie sehr weiblich Wirkendes: Ballerinenschuhe. Dazu passen wollen ihre leichtfüßigen Bewegungen, die mir beim Betreten des Zimmers und bei der Begrüßung aufgefallen sind. Diese sind sanft und vorsichtig, als fürchte sie anzuecken oder durch zu hartes Auftreten zu verletzen.

Im Gespräch wendet sie sich mir so teilnahmsvoll zu ("Sie haben doch sicher furchtbar viel zu tun"), daß die Frage entsteht: Wer ist hier eigentlich bedürftig? Sie stellt schnell Nähe her und eine teilnahmsvolle, dichte Atmosphäre. Sie versucht meine Erwartungen herauszufinden, um sich anpassen zu können.

Vordergründig wirkt sie kraftlos. Sie bietet sich an für eine Beziehungsaufnahme, läßt aber selten Blickkontakt entstehen. Sie blickt zur Seite, als müsse sie sich mindestens mit den Augen entziehen. Bei gefühlsbetonteren Schilderungen läßt sie den "roten Vorhang herunter" und schlägt schamhaft die Augen nieder, als müsse sie sich ihrer eigenen Gefühle und unausgesprochenen Wünsche schämen. Einerseits liegt ihr daran, eine Beziehung zu mir aufzunehmen, andererseits entzieht sie sich zumindest gefühlsmäßig und averbal.

Ich merke, daß ich mich auf ihr ambivalentes Beziehungsangebot einlassen kann. Bei der Begrüßung wie auch beim Abschied stellt sie eine Nähe her, die erst kurz vor dem Körperkontakt Halt macht. Ich verspüre unwillkürlich den Impuls, zurückzuweichen.

2.2 Das Beschwerdebild: Gefallener Engel und Dulderin

"Ich habe Angst vor Menschen, vor Behörden, vor Anforderungen, ich habe kein Selbstvertrauen. Im letzten halben Jahr habe ich überhaupt nicht mehr herausgefunden aus dem Dunkel, ich habe Suizidgedanken. Ich habe Angst, daß meine Depressionen nicht ernst genommen werden." Seit 2-3 Jahren nehme sie ihre Verstimmungen bewußter wahr. Diese würden gegen Abend deutlich stärker. Sie versuche, sich durch Lesen oder Schlafen abzulenken."Ich war schon als Kind himmelhoch jauchzend und zu Tode betrübt."

Die Symptomatik begann mit 15 Jahren im Zusammenhang mit einer Vergewaltigung. Schon zuvor hatte die Patientin eine sexuelle Beziehung zu dem Mann, fand sie ekelerregend, aber brach den Kontakt nicht ab, weil er ihr Schmuck versprochen hatte. Als sie sich trennen wollte, nahm er sie mit in ein "Puffviertel" und vergewaltigte sie in einer "Absteige". Weil sie befürchtete, für schuldig befunden zu werden, sprach sie mit niemandem darüber.

Sie mache sich in Beziehungen zu Menschen sehr abhängig. "Ich bin wie ein Klammeraffe, ich verstelle mich, um mich an die Erwartung des anderen anzupassen. Ich möchte die Unehrlichkeit ablegen." Sie kann keine eigenen Bedürfnisse durchsetzen, sich schwer abgrenzen oder nein sagen.

Bis zum 23. Lebensjahr kaute sie an ihren Nägeln, seither muß sie ständig etwas im Mund haben, Eßbares oder Zigaretten.

Mit 18 Jahren erkrankte sie an Lungen-Tbc: "Ich dachte, die Welt hört auf sich zu drehen." Die Reaktion des Vaters war: "Verarsch mich nicht!" Rückblickend sieht sie das halbe Jahr im Krankenhaus nicht als vertan an, weil sie lernte, sich allein zu beschäftigen und wieder zu malen begann.

2.3 Kindheit, Jugend und Ablösung

Beate wuchs in einem geordneten, schlichten bürgerlichen Milieu in einem nordfriesischen Dorf, in der Nähe Husums, auf. Sie war die Älteste von drei Geschwistern, einem drei Jahre und einem 17 Jahre jüngeren Bruder. Sie war der "Unglücksfall", denn ihretwegen mußten die Eltern heiraten.

Der *Vater*, 22 Jahre alt bei Beates Geburt, war Bundeswehrangehöriger im zivilen Bereich, und die Mutter, damals 18 Jahre alt, arbeitete bis zur Heirat als Kinderpflegerin. Die Schwangerschaft verlief ungestört. Die Familie hatte im Haus der Großeltern des Vaters eine Bleibe gefunden.

Beates eigene Erinnerungsfähigkeit reicht bis etwa ein halbes Jahr nach der Geburt des um drei Jahre jüngeren Bruders zurück. Was jenseits dieser Schwelle liegt, ist wie durch eine Nebelwand von ihr getrennt.

Die früheste und liebevollste Bezugsperson von Beate war die Urgroßmutter väterlicherseits, die ebenfalls mit im Hause lebte. Durch die enge, emotional warme Beziehung wurden die emotionellen Defizite, die die distanzierte Beziehung zur Mutter hinterließ, weitgehend ausgeglichen.

Ihr späterer Berufswunsch, Krankenschwester zu werden, kann als Wiedergutmachung an der Urgroßmutter verstanden werden. Es war niemandem, auch ihr nicht, gelungen, den tödlichen Krankheitsverlauf bei der Urgroßmutter aufzuhalten. Deshalb fühlte sich Beate mitschuldig an deren Tod, als diese nach längerem Krankenlager in einer Klinik starb. Damals neunjährig, empfand sie Haß auf die Krankenschwestern, die die Urgroßmutter nachlässig gepflegt hatten.

Die *Mutter* war still, verschlossen, distanziert, zu keinen spontanen Zärtlichkeiten fähig und unselbständig. Sie erwartete, von ihrem Mann geführt zu werden. Ihre Tochter war ihr erstes und unerwünschtes Kind. Erinnerungen an die "frühe" Mutter sind kaum verfügbar. Diese bleibt unkonturiert und blaß ("Meine Mutter läßt nichts raus. Wir sind sehr verschieden."). Sie erinnert aber auch, daß, unberührt von dieser Realität, ihre Mutter "die Liebste" für sie war. Sie möchte, daß dies so sei und geht aktiv auf ihre Mutter zu, nimmt sie in den Arm und hat dabei das Gefühl, daß die Mutter sich zurückhält: "Soviel Nähe möchte sie nicht."

Soweit sie sich zurückerinnert, hat sie die Mutter vor dem Vater geschützt, und dies hat sich bis heute nicht geändert. Die selbstunsichere und wenig autonome Mutter konnte ihrer Tochter in mehrfacher Hinsicht nicht gerecht werden. Sie vermittelte ihr nur ein Minimum an emotionaler Wärme und Geborgenheit und gab durch ihr blasses Eigenprofil keine überzeugende Identifikationsfigur ab.

Vielmehr war sie darauf angewiesen, daß die Tochter sich ihr aktiv zuwandte. Beide Frauen standen weniger in einem Mutter-Tochter-Verhältnis, sondern vielmehr wie Schwester oder Freundinnen zueinander. Daß Beate überhaupt zu einer solchen Beziehung fähig war, dürfte auf die emotionelle Verfügbarkeit der Urgroßmutter zurückzuführen sein.

Der *Vater*, unehelich geboren, wurde in der Kindheit regelmäßig vom Stiefvater geschlagen. Schlagen hatte in der Vater-Familie Tradition: der Stiefvater schlug den Vater, der Vater Tochter und Söhne, und dann, nachdem die Tochter und der älteste Sohn das Haus verlassen haben und nicht mehr verfügbar waren, seine Schweine. Der Vater war jähzornig, rechthaberisch, pedantisch, mit Neigung zur Selbstbemitleidung, wenn er sich unterlegen fühlte.

Die Beziehung zum Vater ist bis heute durch starke Haß-Liebe-Ambivalenzen geprägt: "Mein Vater, mein Liebster. Als Kleinkind habe ich keine Erinnerung an ihn. Er hat sich nicht viel mit uns beschäftigt, erst so ab dem sechsten oder siebten Lebensjahr aufwärts. Er war immer auf Fortbildungslehrgängen. Ich habe ihn als ziemlich brutalen Schläger in Erinnerung. Häufig habe ich den Hintern voll gekriegt, mit dem Holzlöffel oder der Hand. Dann mußte ich ins Bett, ohne Abendbrot. Zwei Stunden später hat er mich in den Arm genommen. Erst Arsch voll, dann lieb sein." Diese Art der Überwältigung ließ sie mit Übergefügigkeit und Trotz reagieren.

"Der Vater hat sich einen Jungen gewünscht. Ich war als Kind quirlig, mit den Jungs in die Bäume geklettert und so. Ich habe nicht mit Püppchen gespielt. Als ich dann älter wurde, mußte ich Kleider anziehen und brav sein." Sie wurde in den ersten Lebensjahren als Junge erzogen und dann, so ist anzunehmen, nach der Geburt des Bruders zum Mädchen "umfunktioniert".

In einer der ersten Kindheitserinnerungen aus dem 4. Lebensjahr wird die frühe Verknüpfung von Sexualität und Aggression deutlich: "Mein Bruder war gerade geboren, ich muß drei oder vier Jahre alt gewesen sein, der lag auf dem Wickeltisch. Ich habe an seinem Glied herumgespielt und wurde deswegen von meinem Vater geprügelt. Ich wußte nicht, warum das so schlimm sein sollte."

Etwa zu dieser Zeit muß sich das Vater-Tochter-Verhältnis entscheidend gewandelt haben. Eine fast undurchlässige Erinnerungsschranke bei ihr markiert den Wendepunkt. Jenseits dieser Schranke, in magischen Nebeln verborgen, liegt die paradiesische Prinzessinnenzeit, in der einzig sie die Liebe des Vaters besaß. Diesseits der Schranke fühlt sie sich entthront, ungeliebt und verstoßen.

Alle Versuche, die Liebe und Wertschätzung des Vaters zurückzugewinnen, dessen Zuwendung jetzt dem Sohn galt, blieben fruchtlos. Der Vater allerdings machte ihr verlockende Versprechungen und spornte sie zu vermehrten Leistungen und Wohlverhalten an. Dies weckte bei Beate die Phantasie, wenn sie nur gut genug und gefällig sei, dereinst die Liebe des Vaters zurückzugewinnen. Dies schwebte ihr wie eine fortwährende Verheißung vor Augen, deren Erfüllung das Paradies zurückbrächte. In der Vorpubertät erst gab sie es auf, an die Erfüllung dieser Verheißungen zu glauben, wandte sich enttäuscht vom Vater ab, beendete die Schule und floh aus dem Elternhaus. Bis zuletzt mied sie den Kontakt zum Vater, hatte, wenn sie ihn traf, heftige Streitszenen mit ihm oder kehrte neuerdings das gegen ihn, was er mit ihr machte, nämlich das Überwältigen. Nach einer heftigen Auseinandersetzung am Sylvesterabend zum Beispiel warf sie sich ihm, nicht weniger erschöpft als er, in die Arme und beide weinten. Überwältigt vom Gefühl und in Tränen sah sie den Vater zuvor nur zweimal: beim Tod seines Schäferhundes und beim Tod der Urgroßmutter.

Dem drei Jahre jüngeren Bruder, der sich den Wünschen der Eltern mehr anpaßte als sie, trat sie mit einer mütterlichen Schutzhaltung oder repressiv unterdrückend gegenüber. Ihrem 17 Jahre jüngeren Bruder, ihrem "Schätzchen", war sie Ersatzmutter.

Im Hause herrschte der Vater im Sinne autoritär-patriarchalischen Machtgebarens. Allein der Vater strafte. Die Mutter hinterbrachte ihm abends die Tagesereignisse und überließ ihm dann die Bestrafung der Kinder.

Bis zuletzt mußte Beate diesen Mechanismus, den sie als Verrat durch die Mutter an den Vater empfand, verleugnen. Sie erlebte Bestrafungen als stets vom Vater ausgehend und die Mutter als gleichaltrige Verbündete. Die Mutter wagte dem Vater nichts entgegenzusetzen, war vielmehr unterwürfig duldend, empfand sich als Märtyrerin und Trägerin der "Leiden Christi". Der Ärger der Mutter über den Vater äußerte sich in heftigen Klagen, die Beate anhören mußte. Mitunter schreckte die Mutter nicht davor zurück, auch Intimes und Vertraulichkeiten preiszugeben. Beate stellte sich dann stellvertretend für die Mutter gegen den Vater und bot sich diesem auf gleicher Ebene auch als Partnerin an. Daß sie in dieser Position vom Vater nicht ernstgenommen und von der Mutter oft mißbraucht und hintergangen wurde, mußte der "Götterdämmerung", dem Prozeß der Bewußtwerdung während der Analyse, vorbehalten bleiben.

Während die Familie dem patriarchalischen System huldigte, wie etwa die Brüder, die sich anpaßten und den Vater bei Tisch bedienten, ihm auch das Bier holten, oder die Mutter, die sich zur Märtyrerin hochstilisierte, indem sie ihm zu Willen war, wagte Beate es in der Vorpubertät, sich dem Vater zu verweigern und sich schließlich in einer Protesthaltung von ihm abzugrenzen.

Positive Identifikationsfiguren waren auf der mütterlichen Seite die liebevolle Urgroßmutter, auf der väterlichen Seite der leibliche Vater des unehelich geborenen Vaters. Dazu ein Blick in die Familienchronik: Die Großmutter heiratete nicht den Vater ihres 1. Sohnes, sondern den pflichtbewußten, soliden, arbeitsamen, aber auch zwanghaft depressiven und sadistischen Mann, der dieses Kind akzeptierte und dafür prügelte.

Der frühere Geliebte und leibliche Vater ihres ersten Jungen - Beates Vater - war ein "unsolider" Berufsmusiker. Er war ein guter Tänzer und sehr charmant, mit viel Sinn für Kunst und Theater und einer schwunghaften Leichtlebigkeit. Dieser Mann war und ist in den Phantasien der Familie, und besonders von Beate, der geheimnisumwobene, ferne Idealgeliebte der Großmutter. Mit diesem verbindet sie ihre in der Familie abgelehnte Seite - ihr Talent für Zeichnen und Malerei und einen unkonventionellen Lebensstil.

2.4 Schulzeit und Berufsausbildung

Aus Protest gegen die Leistungserwartungen des Vaters ließ sich Beate von der Realschule zurück zur Volksschule versetzen und machte den Hauptschulabschluß. Sie fühlte sich den schulischen Anforderungen ohne Schwierigkeiten gewachsen und war eine gute Schülerin. Sie verließ 15jährig das Elternhaus und besuchte die Schwesternschule in der benachbarten Kreisstadt. Sie war stolz darauf, daß sie es geschafft hatte, dem Elternhaus den Rücken zu kehren. Sie hatte aber immer das Gefühl, daß ihr das Eigentliche im Elternhaus vorenthalten worden war. So etwas wie Heimweh allerdings kannte sie nicht.

Vielmehr stellten sich im Zusammenhang mit negativen partnerschaftlichen und sexuellen Erfahrungen depressive Verstimmungen ein, die erkennen ließen, daß die Ablösung von zu Hause noch nicht vollzogen war.

Nach erfolgreicher Ausbildung zur Krankenschwester und anschließender Berufstätigkeit, die sie von den Arbeitsanforderungen her problemlos bewältigte, zog sie als 20-jährige nach Hamburg. Auslösend für den Ortswechsel war eine gescheiterte Beziehung, die sie mit einer depressiven Verstimmung und einem Suizidversuch beantwortete. Diese persönliche Katastrophe ließ sie das Elternhaus weiterhin eher fliehen als hilfesuchend anlaufen.

Nach einer mehrjährigen Tätigkeit als Schwester im Stationsdienst wünschte sie sich eine mehr nach ihren individuellen Wünschen gestaltete Berufstätigkeit, die es ihr auch erlaubte, sich mit ihren eigenen Schwierigkeiten besser zu arrangieren. Sie fand eine Stelle als Gemeindeschwester in der Altenpflege und erlebte die selbstbestimmte Arbeitsweise als angenehm und befreiend.

2.5 Sexualität und erste Partnerschaften

Die früherlebte Verknüpfung von Gewaltanwendung und Sexualität wurde prägend für ihre Beziehungen zu Männern. Dazu trug die widersprüchliche Haltung des Vaters bei, insbesondere sein sexuell-aggressives Verhalten: "Erst Arsch voll, dann Umarmung". In der negativen Fixierung auf den Vater war sie in ihrer Fähigkeit, befriedigende und längerfristige heterosexuelle Beziehungen einzugehen, behindert. In ihren Beziehungen zu Männern zeigte sich dies in starken Abhängigkeitswünschen und unübersehbaren masochistischen Tendenzen. Ihren ersten Freund, den sie als Schwesternschülerin in der Kreisstadt fand, vereinnahmte sie so sehr, daß diesem nichts anderes blieb, als sich zu distanzieren. Und als sie ihn schließlich auf Knien inständig anflehte, zu bleiben, vertrieb sie ihn dadurch vollends. So erreichte sie stets das Gegenteil von dem, was sie bewußt bei ihren Partnern anstrebte.

Mit Übergefügigkeit versuchte sie ihren Verlassenheitsängsten entgegenzuwirken und fügte sich den sexuellen Wünschen ihrer jeweiligen Partner. Ihre abgewehrten aggressiven Bemächtigungswünsche delegierte sie fast durchgängig als Umkehr ihres masochistischen Verhaltens an die Partner. So erlebte sie Männer, wie auch ihren Vater, als überwiegend brutal, wie auch die Vergewaltigungsszene zeigt, die sie als 15jährige erlebte.

Nach diesem Erlebnis wurde erstmalig die depressive Verstimmung aktuell, als Ausdruck von Schuldgefühlen, Nach-Innen-Wendung von Aggression und als Reaktion auf die erfahrene Selbstabwertung. Die Sexualität blieb ekelerregend und ohne Erfüllungserlebnisse.

Triebdurchbrüche, die sie selbst fürchtete ("Ich habe Angst, daß es durchgeht, ich habe Angst, daß ein Damm bricht"), wurden durch überkontrollierendes Verhalten vermieden. Sexuelle Beziehungen zu Frauen hatten Ausweichcharakter. Zwar erlebte sie hier mehr Nähe und Emotionalität, aber auch Enttäuschungen, verknüpft mit dem Gefühl, daß sie eigentlich etwas anderes suche.

Dies zeigt auch ein Wiederholungstraum, den sie als Kind und Jugendliche träumte: "Ich liege auf dem Heuboden, ich kann mich nicht losmachen. Es kommen Schlangen, die über mich hinwegkriechen." Die

Schlange, häufig ein Symbol für weibliche Verführungen, ist in diesem Traum als männliches Sexualsymbol zu verstehen.

3   Die sehnsüchtige Tochter

Die sehnsüchtige Tochter ist die liebeshungrige. In der affektiven Besetzung des Vater-Objektes ist die Sehnsucht das stärkste und nachhaltigste Gefühl, das diese Tochter dem Vater entgegenbringt. Alle anderen Gefühle zum Vater sind sehnsuchtsvoll durchdrungen, nuanciert und getönt. Die Beziehung zum Vater hat "Sehnsuchtscharakter". Dieser kann sowohl schwärmerisch-romantische Züge als auch Unersättliches und Gieriges haben.

Der sehnsüchtig überdimensionierte Liebeshunger zielt letztendlich auf die oral-kannibalistische Einverleibung des Liebesobjektes. Da das Objekt jedoch für das Überleben der Tochter unabdingbar ist, gerät sie in einen unauflösbaren Konflikt. Das Liebesobjekt muß aus existentiellen Gründen erhalten bleiben, andererseits als Objekt ihres Liebeshungers zur Verfügung stehen. Das ersehnte Objekt muß also "da" sein, aber "fern" bleiben, damit es nicht vernichtet oder zu "Nichts" wird. Der Sinn des Sehnens muß deshalb das Überleben des Objekts und damit das Überleben ihres eigenen Selbst und damit auch ihrer Sehnsüchte garantieren. Das reale Ziel des Sehnens darf also nicht der Besitz des Vater-Objektes sein, obwohl auf der bewußten Ebene nichts stärker gewünscht wird als dies. Hierin liegt die Passion der sehnsüchtigen Tochter.

Sie ist also auf der ewigen Suche nach dem Vater, und ihr Leid besteht darin, ihn nicht eigentlich zu finden. Sie besitzt vielleicht viele Männer und keinen, auch nicht den Vater. Der Vater ist das Ziel aller ihrer Liebeswünsche, aber er ist es gleichzeitig auch nicht. Darin liegt ihre Ambivalenz. So kann sie das ewig suchende Tochter - Mädchen bleiben. Ihre Sehnsüchte haben regressiven Charakter und bewahren sie so vor dem Erwachsenwerden.

Der Sinn der Sehnsucht läßt sich auch noch in anderer Weise verstehen. Die Angst vor der Ent-Täuschung über das Mißverhältnis zwischen der ersehnten Gestalt und dem Realobjekt macht die Aufrechterhaltung einer "sehnsüchtigen" Abwehr notwendig, die vor dem Verlust des ersehnten Objektes schützen soll. Die Real-Figur des Vater-Objekts ist der Feind, der die allmächtigen Sehnsuchtsphantasien, mit denen sie den Wunschvater erschafft und aufbaut wie den "Geist aus der Flasche", radikal gefährdet. Um den magischen Tod des Wunschvaters und damit den eigenen - denn was ist sie ohne ihn? - zu vermeiden, darf die Erfüllung, die der Realvater anbietet, nicht "erfüllen". Oder alle Erfüllung darf eigentlich keine Erfüllung sein, kann allenfalls Teilerfüllung sein; denn die Wünsche des Sehnsüchtigen sind prinzipiell unerfüllbar.

Der "Sinn" oder "Unsinn" des "Symptoms" Sehnsucht ist, daß diese unerfüllt bleibt. Der Vater wird nicht erreicht, er bleibt unerreichbar und fern. Der Vater muß in der Phantasie als dereinst und prinzipiell Erfüllung gebendes, verheißungsvolles Objekt erhalten bleiben. Die Beziehung trägt die Züge des hungrigen, leeren "Als-Ob", der hochgespannten, phantastischen Erwartungen oder auch des Gierigen, Nimmersatten und Unersättlichen. Man könnte dies als die nihilistische Vater-Tochter-Beziehung bezeichnen, deren Sinngebung das Leere und Unerfüllte ist und in der Gefühle der Leere obligat auftreten, aber nicht als Lücke wie beim Frühgestörten, sondern als Ergebnis des nihilistischen Abwehrtyps. Darin ist die Sehnsucht sich selbst Erfüllung und damit wird die eigentliche "normale" Erfüllung, also das reale Erfüllungserlebnis, überflüssig. Wenn der Wunsch und die Sehnsucht schon die Erfüllung darstellen, im Sinne einer infantilen, magischen "Als-ob-Erfüllung", dann "erfüllt" sich ihr Sinn und Zweck. Dies mutet als unechte, als falsche Identität und "Pseudopersönlichkeit" an.

Weil einerseits nichts geschieht, andererseits aber auch nichts Reales geschehen darf, was das ersehnte überdimensionierte Objekt gefährden könnte, muß alles, was vom realen Vater kommt und auch er selbst "vernichtst", nihiliert werden. Sie muß ihn sehen und doch nicht sehen, sie muß ihn hören und doch nichts hören, sie muß ihn fühlen und doch nichts fühlen, er muß ein Geist sein und bleiben, wie Luft. Die Sehnsucht ist das Gefühl der Leere - nicht die "Gefühlsleere" - das auf tatsächliche Erfüllung abzielt, aber sie nie erreichen darf.

Die Unerfüllbarkeit wird garantiert durch die, alle raum-zeitlichen Gegebenheiten sprengende, magische Sofortigkeit und Einzigartigkeit der Wunscherfüllung: "*Du* oder niemand mußt *mir* oder keinem, *sofort* oder nie, *hier* oder nirgends, *alles* oder nichts geben" (Hoffmann 1983).

Wie ist das Triebschicksal? Der Triebimpuls wird abgewehrt durch sehnsüchtige Scheinerfüllung. Der Liebeswunsch verzehrt sich sehnend und endet im "Nichts"; es geschieht nichts und es darf auch nichts geschehen. Der Vater wird nicht erreicht, er bleibt der "ferne Idealgeliebte". Die "immerwährende Verheißung" bleibt erhalten und erfüllt damit den tieferen Sinn des Sehnens.

3.1 Gestalten der sehnsüchtigen Tochter

Beispielhaft für den Typus der sehnsüchtigen Tochter fand ich in der Darstellung von Drewermann (1983) die Charakterisierung der Tochter des großen Menschenfreundes, Dichters und Sinnbildes des gütigen Vaters, Victor Hugo. Truffeauts Film von Adèle Age erzählt die Geschichte dieser Vater-Tochter, "die so sehr von der Hypothek dieses Überbildes ihres Vaters in der Liebe geprägt war, daß sie sich an jeden verlor, wie etwa einen nichtswürdigen Stutzer, dem sie bis nach Amerika in ihr Unglück nachfolgte, stets wähnend, einen Ersatz zu finden, träumend von einem Menschen, der sein müßte wie ihr Vater und es doch nie sein kann." (Zitat aus Drewermann 1983, s.o.).

Was hat Adèle davon, daß sie es dennoch tut? Sie rettet ihr Phantasiebild vom Vater und ihre phantastische Liebe zu ihm eben dadurch, daß sie sich immer wieder bestätigt und darin bestärkt sieht, daß niemand dem Vater ebenbürtig ist. Damit bleibt der Vater der einzigartige Unerreichte, aber auch sie selbst in ihrer unverbrüchlichen Beziehung zu ihm. So eine Frau könnte sagen: "Die Männer sind alle Nichtse!" Sie "erkennt" ihre Partner nicht. Hat sie ihren Vater erkannt? Seine Schwächen, seinen "Hang zur Maßlosigkeit und zur pathetischen Gebärde", wie von Victor Hugo gesagt wird?

Nicht nur der verfügbare, auch der fehlende Vater kann zum Sehnsuchtsobjekt der Tochter werden. Dies kommt in der Kunstform der Märchen ausdrucksvoll zur Darstellung. Es gibt Märchen, in denen Vater und Tochter auftauchen, aber der Vater kann auch ganz fehlen, wie z.B. in dem Märchen der Brüder Grimm von dem Brüderchen und Schwesterchen. Man kann in diesem Märchen die Entwicklungsgeschichte einer ohne den Vater aufwachsenden Tochter sehen, die einer habgierigen verzauberten Mutter schutzlos ausgeliefert ist. Das unterschwellige emotionale Grundmotiv und die Triebfeder ihres Entwicklungsprozesses ist die unstillbare Sehnsucht nach dem Vater. Den Dimensionen der Sehnsüchte angemessen, braucht die dann auftauchende Vaterfigur ein "riesiges Format", um nicht zu enttäuschen, und dieses hat dann auch der König des Landes - Geliebter und Vater-Imago in einem. Im weiteren Gang der Geschichte geht es dann um die Wiederkehr der Mutterfigur. Solchen Töchtern erscheint der Vater als Erlöser. Die Erlösungsmotive sind immer so zauberhaft wie die Sehnsüchte selbst. So wird die magische Ebene nicht verlassen.

Ähnlich strukturiert ist auch das Märchen von Rapunzel (Brüder Grimm). Rapunzel, Tochter eines ängstlichen, fast ohnmächtigen Mannes, dessen Rolle es eigentlich nur ist, der Frau ein Kind zu schenken, wird von einer Fee umklammernd und "erstickend" großgezogen. Als sie in die Pubertät kommt, sperrt die Fee sie in einen Elfenbeinturm. Kein Mann findet Zutritt zu ihr. An ihrem aus dem Turmfensterchen bis zum Fuße des Turmes herabgelassenen Haar klettert die Mutter tagaus, tagein zu ihr empor. Rapunzel erwirbt in ihrer Klausur allerdings die Fähigkeit bezaubernden sirenenhaften Gesanges, der ihre Sehnsüchte an das Ohr eines fernen Königssohns trägt, der nach mancherlei Gefahren und Schicksalsschlägen das Erlösungswerk vollbringt. Auch das Märchen weiß offenbar von den schlimmen Wirklichkeiten, die zu bestehen sind für den, der sich auf die Erfüllung von Sehnsüchten einläßt.

Eine Variante des fehlenden Vaters im Märchen ist der physisch anwesende, aber bei der Erziehung gar keine Rolle spielende Vater. Er meidet die Tochter und delegiert alle Kontakte an die Mutter. Ein Beispiel dafür ist das Märchen vom Marienkind (Brüder Grimm). Die himmlische Mutterfigur, der der arme Holzfäller sein Kind überläßt, ist die Madonna. Das Problem des Mädchens wird die Begegnung mit dem Mann schlechthin. "Ihn phantasiert sie nach Art eines dreifaltigen Gottvaters ... der Vater selber, der fehlt, hinterläßt eine solche Sehnsucht der Liebe, gerade der nicht anwesende und nicht vorkommende Vater formt ein solches überdimensionales Wunschbild der Liebe, daß ihn auch nur zu berühren, einem völligen Bruch mit der mütterlichen Erziehung gleichkommt, und es wird auf lange Jahre hin eine ständige Daseinslüge für das Marienkind, die Sexualität überhaupt nur kennengelernt zu haben" (Drewermann 1983). Sie wird nur gesühnt durch die Anklage auf dem Scheiterhaufen als Hexe und Menschenfresserin. Hier muß der Inzest mit dem Vater geleugnet werden. Die Sehnsucht darf keine Erfüllung gefunden haben, es darf "nichts" gewesen sein. Damit erfüllt sich auch hier der tiefere Sinn aller Sehnsüchte.

In dem Märchen von Schneewittchen zeigt sich der Lebensweg einer sehnsüchtigen Tochter, die Erfüllung findet. Schneewittchen ist die einzige Tochter eines Königs, dessen Frau stirbt. Zwischen Stiefmutter und Tochter entflammt eine leidenschaftliche Eifersucht um die Gunst des Vaters. Der Schwiegermutter gelingt es schließlich, die Jüngere aus dem Haus zu treiben. Bei den sieben Zwergen findet die Vertriebene eine Bleibe. Nicht im entferntesten reichen die zwergenhaften Männer an die alles überstrahlende Figur des großen Vaterkönigs heran. Sie haben deshalb keine Chance, als der Prinz, das Ebenbild des Vaters, kommt und Schneewittchen erlöst. Die Tochter mit einer solchen Vatervorgeschichte kann sich nur flüchtig auf so etwas wie "Zwergenmänner" einlassen. Sie muß, um ihrer Gesinnung treu zu bleiben, zumindest nach dem idealen Ebenbild des Vaters suchen und sich für ihn "rein" halten. Sexuelle Gefühle sind nicht vorgesehen und tabuisiert (Lackner 1988). Oder hat sie doch schon bei den "Zwergenmännern" vom Libidinösen gekostet...? Das bleibt ihr Geheimnis. Sie ist aber nicht nur auf der Phantasieebene ihrem Idealbild treu, sondern in gewandelter Form gelingt ihr die Verwirklichung. Sie erreicht in ihrer Liebe den Prinzen, das Ebenbild des Vaters, und damit die - reifere - Realebene. So wandelt sie sich von der sehnsüchtigen zur befreiten Tochter, eben der Tochter, die die Erfüllung kennt.

In dem Andersen-Märchen von dem kleinen Mädchen mit den Streichhölzern hingegen geht die Tochter an ihrer Sehnsucht zugrunde. Sie geht mit nackten Füßen und nur einem dünnen Kleidchen bekleidet mit einer Schürze voll Streichhölzern durch die kalte Neujahrsnacht. Der Vater hat ihr aufgetragen, Schwefelhölzer zu verkaufen. Es findet sich aber kein Käufer. Unverrichteter Dinge darf sie nicht nach Hause zum Vater zurückkehren. Er würde böse werden und sie schlagen. Ihr Elternhaus ist herzlos und kalt. Ihre Wünsche nach Wärme und Geborgenheit blieben unerfüllt. Das Mädchen hilft sich selbst und zündet ein Streichholz nach dem anderen an. In dem Lichtschein sieht sie lauter Dinge, die sie sich ersehnt, einen heißen Ofen, ihr Lieblingsessen und ihre geliebte Großmutter. Am Morgen findet man das Mädchen erfroren im Schnee. Die Streichhölzer liegen abgebrannt in ihrem Schoß.

Diese Tochter verzehrt sich vor Sehnsucht nach Zuneigung und Wärme so sehr, daß dies ihre gesamte Lebensenergie aufzehrt. Ihr Elternhaus und die Umwelt sind von Starrheit und Kälte geprägt. Ihr Liebesbegehren findet beim Vater keinen Widerhall. Das Ende aller ihrer Sehnsüchte ist der Tod, der Tod als imaginativer und prinzipieller "Erfüller" aller unerreichbaren irdischen Wünsche, wie im Suizid (Machleidt 1991).

Eine klassische Symbolfigur der sehnsüchtigen Tochter im Märchen ist die "Meerjungfrau" (Andersens Märchen). Schon als Kind fällt sie durch ihre Schweigsamkeit und Nachdenklichkeit auf. Indessen zehrt in ihr die Sehnsucht nach der Welt der Menschen. Das ungestillte übermächtige Sehnen in ihrer Brust läßt sie verstummen. Mit Ungeduld erwartet sie das Alter, in dem sie vom Meeresgrund auftauchen und ihren ersten Besuch in der Welt der Menschen machen darf. Von Ferne nur erblickt sie den Prinzen, in den sie sich unsterblich verliebt. Er gleicht dem Wunschbild, das ihre kindliche Phantasie beflügelte - die Marmorstatue im Garten ihrer Kinderzeit auf dem Meeresgrund. Sie wird zu seiner Retterin, als der Königssohn mit seinem Schiff in einem Sturm versinkt und sie den Bewußtlosen in ihren Armen ans sichere Ufer trägt. Als er erwacht, ist sie fort, und so erfährt er niemals etwas über das Wunder seiner Rettung und über seine Erretterin. Sie sehnt sich noch inniger nach ihrem Prinzen und umschlingt statt seiner den leblosen Marmor der Statue. Um dem Prinzen nahe zu sein, opfert sie im Tausch für den Besitz der menschlichen Gestalt ihre Stimme. Die Sehnsucht macht sie stumm, doch ihre Augen um so sprechender. Der Schmerz begleitet sie jetzt bei jedem Schritt, den sie tut. Sie verläßt Familie und Zuhause, um bei ihrem Prinzen zu sein und ihm ihr Leben zu schenken. Der Prinz hat sie gern, erwidert aber ihre stumme brennende Liebe nicht, denn er träumt von seiner Erretterin - einer Anderen. Er kann ihre wortlose Sehnsucht und Aufopferung nicht ermessen und ahnt nicht, daß nur sie das Geheimnis seiner Rettung kennt. Stumm muß die kleine Meerjungfrau mitansehen, wie ihr Prinz sich in eine schöne Königstochter verliebt, die er für seine Erretterin hält. Seine Heirat bedeutet ihren Tod, wenn sie ihn nicht in der Hochzeitsnacht vor Sonnenaufgang tötet. Ihre Aufopferung rettet sein Leben - ein zweites Mal - und sein Glück. Sie aber stürzt sich bei den ersten Sonnenstrahlen ins Meer und löst sich in perlenden Schaum auf. Ihr schwereloser und durchsichtiger Körper erhebt sich und schwebt zu den anderen Töchtern der Luft, deren Stimmen, wie die ihre, so geistig sind, daß kein menschliches Ohr sie hören kann. Fortan kann sie sich durch gute Werke das schaffen, was die Vereinigung mit dem Prinzen ihr gebracht hätte - eine unsterbliche Seele.

Wie ist die Beziehung? Die Sehnenden sind sich fern, trotz körperlicher Nähe. Ihr Sehnen geht aneinander vorbei. Die Beziehung bleibt unbestimmt und flüchtig, denn das Schlüsselwort bleibt unausgesprochen. Dies ist das Uneigentlich-Eigentliche der Beziehung. Mehr ist nicht vorgesehen, und dies liegt schon in der Symbolik der Figur der Meerjungfrau. Ihr Schwanz - ein typisch weibliches Symbol hier - garantiert durch die zusammengewachsenen Schenkel, aus denen er entsteht, schon biologisch-anatomisch die Unmöglichkeit sexueller Vereinigung. Es kann, darf, soll, braucht gar nichts zu geschehen. Die ewige Jungfernschaft, das ewige Mädchen, die Nonne, die Madonna, die absolute Unbeflecktheit und damit die Unsterblichkeit der Seele ist ungefährdet. Ihr Konflikt ist, daß sich das ersehnte Objekt, da sie nicht geben kann und daher enttäuschen muß, abwenden wird. Damit ist sein Verlust bei Annäherung unvermeidlich. Sie oder er muß fern bleiben. Ihr Schicksal "erfüllt" sich am Ende des Märchens. Sie verzehrt sich in Sehnsucht und wird schließlich zu "Nichts". Sie löst sich in Luft und vergeistigten Gesang auf.

Eine Verwandtschaft der sehnsüchtigen Tochter und der Meerjungfrau mit dem Philobaten Balints (1973, S. 86), scheint mir unübersehbar: "Dem Philobaten sind Objekte gleichgültig, oder sie scheinen ihm trügerisch und riskant, man tut besser daran, sie zu meiden. Um meiden zu können aber muß der Philobat, d.h. sein Ich, eine gewisse Geschicklichkeit und Gewandtheit erwerben, die ihm Bewegungsfreiheit und damit Harmonie in jenen objektlosen Weiten verschafft, als da sind Gebirge, Wüste, See und Luft." Damit ist der Lebensraum der Meerjungfrau und ihr Schicksal gut erfaßt. "Alle diese aber gehören zur Klasse der möglichen Primärobjekte. Stattdessen können die Objektbeziehungen des Philobaten verkümmern." Auch dies ist charakteristisch für die sehnsüchtige Tochter, da ihre Beziehungen sich nicht erfüllen dürfen.

Wie schrecklich es sein kann, wenn Sehnsüchte dennoch "Erfüllung" in der Realität finden, zeigt ein in Mythen auftauchendes und in der jüngeren Vergangenheit zur Realität gewordenes Motiv, nämlich das des aus dem Krieg heimkehrenden Vaters.

In der Mythologie ist dafür prototypisch das Schicksal Agamemnons nach der Rückkehr aus Troja (Homer, Ilias). Als er in den Krieg gegen Troja zog, opferte er bekanntlich seine Lieblingstochter Iphigenie, um die Götter günstig zu stimmen, die seine Flotte mit einer Windstille im Hafen von Aulis festhielten. Bei seiner Rückkehr aus Troja findet er eine Tochter vor, die ihn leidenschaftlich haßt, Elektra, und eine Frau, die ihn schließlich umbringt, Klytämnestra. Die Rückkehr des Vaters symbolisiert hier das gefürchtete oder reale tragisch-mörderische Ende der Sehnsucht nach dem Vater.

Ich selbst erlebte als knapp Vierjähriger meinen aus dem Internierungslager Neuengamme heimkehrenden Vater als furchterregenden Eindringling und enttäuschende Figur. Ähnlich schilderten dies Töchter und Frauen.

Die heute 45- bis 50jährigen Töchter, die jahraus, jahrein die Rückkehr des in der Phantasie verklärten Vaters aus Krieg und Gefangenenlager ersehnten, erlebten den Heimkehrer als verrohten Soldaten und Gewalttäter. Da diese Wirklichkeit in der Tat sehr schrecklich und gleichbedeutend mit dem magischen Tod der Vater-Tochter-Beziehung war, ist es leicht verständlich, daß alles getan werden mußte, um die kindlichen Sehnsüchte zu schützen. Zuweilen mußten die Sehnsuchtsbilder unter Meidung, Verleugnung und "Vernichtsung" aller anders gearteten Tatsachen zur Haltung verinnerlicht werden, bis hin zum empörten: "Du bist nicht mein Vater!", das sich in psychotischen Phantasien zur Gewißheit verdichtet findet.

Bei der Analyse der Eheschwierigkeiten von Kriegssoldatentöchtern wurde deutlich, daß sie sich - teilnehmend an Mutters Sehnsucht - ein Vaterbild nach Art eines Idealgeliebten entworfen hatten, an das der heimkehrende Vater selbst und schon gar kein realer Ehealltagsmann je heranreichen konnten (Krautschick 1983). Die ent-täuschten Töchter reagierten unterschiedlich und - wie mir scheint - etwa im Sinne der von mir dargestellten Typen: sehnsüchtig-süchtig, gegebenenfalls mit manifester Sucht; massiv-ängstlich versagend; geharnischt mit vitalen zerstörerisch-aggressiven Handlungen gegen sich selbst oder den Partner;

duldend depressiv-suizidal; auf der Reifungsebene mit Regression in den Grenzbereich zwischen Neurose und Psychose.

In dieser Aufzählung fehlt die maniform dekompensierende Tochter nicht deshalb, weil es sie nicht gäbe, sondern deshalb, weil sie nicht auf den Gedanken kommt, sich behandeln zu lassen. Sie glaubt, endlich alle Widerstände und Konflikte überwunden zu haben.

Die Töchter hatten also "mit ihren Müttern in ihrer unreifen gegenseitigen Bindung eine gemeinsame Bindung an das erstarrte Heldenbild des fehlenden Vaters bewahrt" (Krautschik 1983). Die Aufrechterhaltung der eigenen Allmacht-Ohnmacht in der Vater-Idealisierung machte bei dessen Rückkehr eine Symptomatik erforderlich.

Aus der Analyse von Beate S. läßt sich anschaulich nachvollziehen, wie in verschiedenen Entwicklungsphasen verschiedene Tochtertypen auftauchen, vorherrschen, sich wandeln und in andere, reifere Formen mit veränderter Affektqualität übergehen. Sie kam als die depressive Dulderin in die Therapie, womit ein Endpunkt markiert war: Der Tod aller Sehnsüchte in der Depression.

In der Vater-Übertragung auf den Therapeuten, in der der frühe gute Vater wieder Gestalt gewann, wurde eine leidenschaftlich-sehnsuchtsdurchdrungene Tochter aus ihr, die allerdings aus ihrer Vorerfahrung antizipierte, durch einen ablehnenden und zerstörerischen Vater das katastrophale Ende ihrer Sehnsüchte erneut erleiden zu müssen. Die konkrekte Neuerfahrung in der Übertragung auf den guten Vater-Therapeuten ermöglichte ihr die kindliche Herkunft und das Magisch-Überdimensionierte ihrer Wünsche an den Vater zu erkennen, von diesem als geharnischte Tochter Abschied zu nehmen und sich zu einer Erfüllung findenden Tochter weiterzuentwickeln. Einblicke in die Abschnitte dieser Entwicklung gebe ich mit Vignetten aus Beates Analyse bei den entsprechenden Tochtertypen.

3.2 Annäherung

Das Augenfälligste am Verhalten von Beate zu Behandlungsbeginn ist, wie sie ihren riesenhaften hungrig-sehnsüchtigen Erwartungen an mich in Worten und Gesten Ausdruck verleiht. Sie drückt mir damit aus, daß sie "alles" von mir will, wobei das "alles" ein Sammeltopf von Wünschen ist, die bis in die frühe Kindheit zurückreichen.

Was tut sie averbal mit mir? Bei der Begrüßung und beim Abschied sucht sie meine körperliche Nähe. Sie tritt ganz nahe an mich heran, so als wolle sie sich auf meine Zehenspitzen stellen, und mit mir, wie Kinder das zuweilen bei ihren Eltern machen, im gleichen Schritt und Tritt durchs Leben gehen. Sie schaut mich dabei aus großen, ausgehungerten Augen an. Sind Terminabsprachen zu treffen, so beugt sie sich fast auf Körperkontakt mit mir über meinen Terminkalender. Ich habe das Gefühl, als wolle sie alles über mich wissen und alle meine verfügbare Zeit besitzen. Was ich ihr dann anbieten kann, drei Stunden pro Woche, erscheint als durchweg zu wenig, geradezu kümmerlich. Die Stunden von fünfzig Minuten Dauer sind ihr zu kurz. Wenn ich das Ende ankündige, ruft sie hungrig, erschrocken, aber auch empört aus: "Das kann doch nicht wahr sein!" Sie möchte das Stundenende dann noch herauszögern und bleibt auf dem Couchrand sitzen, schaut verschämt, aber erwartungsvoll von schräg unten zu mir herüber und macht Versuche, noch in ein vertraulicheres Gespräch mit mir zu kommen, sozusagen dem offiziellen Teil einen gemütlichen Teil folgen zu lassen.

Sie kommt zehn bis zwanzig Minuten vor Stundenbeginn und wartet auf mich. Ihre erwartungsvolle Miene drückt aus, können wir nicht schon früher anfangen. Meinen gleichbleibend freundlichen Hinweis darauf, daß wir die Stunde zur verabredeten Zeit beginnen, erlebt sie als frustrierende Zurückweisung. Ihre schmerzliche Enttäuschung ist averbal zu spüren. Sie muß sich offenbar davon überzeugen, ob ich "da" bin und verfügbar sein werde, mich "beschatten".

Schon eine Stunde vor dem verabredeten Zeitpunkt sehe ich sie mit ihrem Fahrrad auf der Straße, vor dem Haus, in dem ich arbeite. Zuweilen stürmt sie ohne anzuklopfen vor der Zeit in mein Zimmer. Gegen solche Grenzüberschreitungen habe ich das Bedürfnis, mich abzugrenzen.

Ich versuche die Situation zu strukturieren. Am Stundenende stehe ich auf und reiche ihr betont die Hand, zum Zeichen, daß der Augenblick des Abschieds jetzt unaufschiebbar ist. Sie beklagt sich darüber später bei mir, daß ich ihr so die Hand gebe und sie dann wegschiebe. Ich verstehe ihre Art, auf mich zuzugehen, als eine Bemächtigung im Sinne einer primären Liebe. Sie kommt wie ausgehungert zu den Analysestunden und geht hungrig davon. Aus ihrem Erleben und Verhalten wird deutlich, daß sie, die Ausgehungerte, glaubt, obendrein noch mir das Maul stopfen zu müssen. Als müsse sie mir zuliebe alles tun, damit die therapeutische Beziehung erhalten bleibt, und ich sie nicht davonschicke.

Damit reinszeniert sie allein schon averbal gleich zu Beginn das Verhalten, das sie ihrem Vater gegenüber gezeigt hatte, dem das, was sie leistete, nie genug war, der immer mehr von ihr forderte vor dem Hintergrund einer unausgesprochenen Verheißung, sie dafür einst reich zu belohnen. Sie erlebt meinen Handlungsvorbehalt im Sinne "subjekthafter" Abstinenz (Körner und Rosin 1985) auf ihr Interaktionsangebot als enttäuschend und befremdend. Ihr Wunsch nach "Familiarität", d.h. nach dem Wiederaufleben der alten Vater-Tochter-Interaktion, bleibt unerfüllt. Daraufhin intensiviert sie zunächst ihr Übertragungsangebot bis zur neunten Stunde und äußert dann Protest.

Verbal klingen in der ersten Stunde zwei der Grundkonflikte und damit Hauptthemen der ganzen Analyse an:

1. der infantile Masochismus mit der Reinszenierung der Täter-Opfer-Konstellation und

2. der Beziehungskonflikt zwischen Vater und Tochter, der sich in dem Wunsch nach allumfassender Beziehungsaufnahme mir gegenüber äußert.

Wenn der Ausspruch richtig ist, daß der erste Satz in einer therapeutischen Sitzung das Grundanliegen des Patienten enthält, trifft dieses für die ersten Sätze in der ersten Analysestunde für die gesamte Analyse zu: "Ich bin aufgeregt, ich habe mir Gedanken gemacht zum Anfang, was passiert jetzt. Ich habe mich dann abgelenkt und was gelesen. Ein Buch über einen Juden im KZ-Lager. Wie der mit der Situation umgeht". Ich bin erschrocken über die Stärke dieses Bildes. Meine eher hilflose Frage an sie ist: "Steht die Wahl Ihrer Lektüre in einem Bezug zu unserer Arbeit hier?" "Nein, das ist kein Bezug. Ich versuche zu verdrängen, wie das hier wird." Dies sagt etwas darüber, wie sie die analytische Situation versteht.

Sie delegiert ihr Problem an den Juden in der Opferrolle, einem sadistischen Täter existentiell ausgeliefert; immerhin allerdings mit der Möglichkeit, aus der Situation noch etwas für sich zu machen. Damit ist gleich zu Behandlungsbeginn die Rollenzuweisung erfolgt: sie das Opfer - allerdings mit einem gewissen Handlungsspielraum - und ich der Täter.

Im Gegensatz zu ihren averbalen Bemächtigungswünschen und Allerwartungen ist das, was sie verbal an Wünschen in der ersten Stunde äußert, sehr maßvoll. Wünsche nach einer frühen Form der Beziehung und ein symbiotisches Verlangen klingen an: Zuneigung, Nähe, dem Alleinsein entkommen, Vertrauen haben können, mehr Selbstvertrauen sowie Wirklichkeit und Phantasie unterscheiden zu können - also Wünsche nach Regression, verläßlicher Beziehung und differenzierter Selbstwahrnehmung. Sie will nicht verrückt werden, nicht sich selbst, d.h. ihrem inneren Chaos, zuhören, kein Mißtrauen mehr haben müssen und nicht als Objekt mißbraucht werden.

In der dritten Stunde fällt der Wunsch nach Beziehung schon totaler aus, im Zusammenhang mit den Begriffen Torschlußpanik, (d.h. dem Wunsch, sich den Nächstbesten greifen, um jemanden zu haben) und Totalbeziehung: "... jemanden total festhalten wollen, ganz für sich alleine ..." "... das hält niemand lange aus ...".

Hierin liegt die masochistische Variante des Beziehungswunsches: der Wunsch nach immerwährender totaler Verfügbarkeit des Objektes führt zu dessen Verlust, den sie, so läßt sich vermuten, als libidinös besetzte und erwünschte, aber auch gefürchtete Bestrafung erlebt. Dies ist auch eine allererste Warnung an mich und Ausdruck ihrer Ambivalenz gegenüber der Therapie im Sinne von "Das hältst Du nicht lange aus!" Daneben steht der Wunsch nach elternähnlicher Liebe und Verläßlichkeit: "Liebe ist Verläßlichkeit, ist jemanden für mich zu haben, der mich ernst nimmt."

Ich bemerke bei mir Gegenübertragungsreaktionen. Von ihren Riesenerwartungen an mich fühle ich mich bedrängt und greife, um mich abzugrenzen, zu einer Betonung der strukturellen Situation des Settings und der Abmachungen. Ich mache zum Beispiel in der vierten Stunde vier Minuten zu früh Schluß und bemerke dies erst hinterher. Dies ist ungewöhnlich bei mir, eher mache ich ein paar Minuten länger. Ich rette mich vor Vereinnahmung auch durch den Stil meiner Interventionen. Wenn die Erwartungen an mich anwachsen, lenke ich diese von mir auf die Eltern um, indem ich danach frage, wie diese zu Hause ihre Wünsche erfüllt haben.

Meine Übertragung auf sie ist sehr bald und dauerhaft geprägt von einem Gefühl der Zuneigung. Sie gefällt mir. Es fällt mir leicht, empathisch zu sein. Ich habe es nicht schwer, sie zu verstehen. Sie wird, dies sei vorausgeschickt, unter den Analysepatientinnen, die ich habe, so etwas wie meine "Lieblingstochter". Diese positive Übertragung auf sie erleichtert es mir, das harte Stück Arbeit, das nach der zwanzigsten Stunde auf mich zukommt, besser durchzustehen. Sie entwickelt mir gegenüber keine Spaltungsübertragung. Zwar bin ich das überwiegend gute und idealisierte Objekt, doch entdeckt sie schon früh Böses an mir. In der Übertragung wird also die Stufe der ambivalenten Beziehung als ein reifes neurotisches Übertragungsmuster früh erreicht.

Das Wort "Lieblingstochter" mag die verschiedensten Phantasien wecken, und zieht die Frage nach sich, welches Maß an Abstinenz ich mir auferlege. Mit Körner und Rosin ließe sich fragen: "Wieviel 'Löffel vom Libidinösen' darf er (der Analytiker) zu sich nehmen, ohne die schmale Grenze zwischen dem Gourmet und dem Gourmand zu überschreiten?" Diese Frage hier schon zu stellen, heißt aber auch, sich nicht verleiten zu lassen, ihr zu früh auf die ödipale Ebene zu folgen. Denn darin spiegelt sich - wie mir scheint - ein Widerstand der Patientin wider. Ihr jetzt schon auf die ödipale Ebene zu folgen, hieße einen Schritt zu tun, der in diesem Stadium der Behandlung noch inadäquat ist. Denn die Wunschqualität der Bemächtigung trägt frühere Züge. Ich folge ihr also (noch) nicht auf diese Ebene und beantworte die oben gestellte Frage am Ende dieses Abschnitts.

Ich lerne ihr Schweigen kennen. Ich lerne vier Varianten zu unterscheiden, die ganz verschiedene Bedeutungen haben:

1. Das erwartungsvolle Schweigen im Sinne einer hungrigen Allerwartung an mich, verbunden mit einer passiven Haltung bei ihr: Von dem Vater muß alles kommen. Oder: Vor lauter Wünschen an den Analytiker bekomme ich keinen einzigen heraus. Sie schweigt sozusagen mit offenem Munde. Ich spreche an, daß ich das Gefühl habe, sie möchte "Alles" von mir haben. Sie: "Ja, alles". Schweigen.

2. Das Schweigen als Ausdruck eines Symbiosewunsches: Wir verstehen uns ohne Worte. Beispiel: Schweigen, dann knurrt zu Stundenbeginn hörbar ihr Magen und kurz darauf auch meiner. Sie blickt verständnissinnig zu mir herüber. Ich erwidere ihren Blick und frage: "Ist das Verstehen ohne Worte?" Sie bejaht. Schweigen.

Später, als der erste Verlängerungsantrag für die Analyse (für jede Psychoanalyse wird von der Krankenkasse auf Antrag eine bestimmte Stundenzahl genehmigt, wenn mehr Stunden notwendig sind als bewilligt wurden, muß ein Verlängerungsantrag gestellt werden) zu stellen ist, und ich sie anspreche, fühlt sie sich empfindlich gestört und enttäuscht. Ein Stück Intimität geht verloren und es wird deutlich, daß unsere Beziehung eine "Geschäftsgrundlage" hat. Ihre Erwartung geht dahin, daß ich den analytischen Tisch wie eine gute Mutter fraglos decke und ihre Wünsche errate und erfülle. Es ist dann Gelegenheit, diese frühen symbiotischen Wünsche zu bearbeiten.

3. Das Schweigen mit einer masochistischen Rausschmißerwartung: "Ich schweige, arbeite also nicht, da muß er mich rausschmeißen." Zitat: "Ich denke, Sie denken, wenn ich hier nichts produziere, wollen Sie hier nicht mit mir arbeiten."

4. Das Schweigen aus Hemmung, um etwas nicht zu sagen. Dieses "reifere" Schweigen ist später bei der Bearbeitung des ödipalen Konfliktes jenseits der hundertsten Analysestunde häufiger. Nachdem sie eine feste Partnerbeziehung angeknüpft hat und damit erstaunlich schnell das Stadium der libidinösen Objektkonstanz erreicht hat, erlebt sie es als Verrat an ihrem Partner, mir alles mitzuteilen und nimmt sich das Recht, Dinge für sich zu behalten.

Ganz im Sinne ihres symbiotischen Verlangens stehen jetzt am Anfang der Analyse Phantasien wie: "Wenn er doch meine Gedanken lesen könnte". Ich soll der Magier sein, über übersinnliche Kräfte verfügen. Dadurch möchte sie sich ersparen, sich abgewertet, als Versager empfinden zu müssen.

Sie bietet mir ihr Beziehungsstereotyp an, nämlich sich um den Preis sexueller Beziehungen, bei denen sie keine Lust erlebt, die Nähe eines Menschen zu sichern. Ich habe das Gefühl, daß sie Sexualität mit Beziehung verwechselt, tatsächlich aber nicht weiß, wovon sie spricht, wenn sie Sexualität erwähnt. Im Sinne ihrer Allerwartungen an mich besitzt sie mich eben nur dann ganz, wenn sie auch meine Sexualität besitzt, obwohl sie damit nichts anzufangen weiß. Glaubwürdiger erscheint sie mir, wenn sie Wünsche nach Nähe und Geborgenheit, einem "Knuddelobjekt", an mich richtet und mich damit als Übergangsobjekt beansprucht.

Da ich mich an das Abstinenzgebot gebunden fühle und so wenig konkret für sie erfahrbar bin, möchte sie jetzt eine Beziehungsklärung mit mir herbeiführen unter Umkehr der Rollen: "So, jetzt bist Du mal dran". Sie entdeckt meine Distanziertheit als etwas Böses an mir. Als Reaktion darauf, daß ich mich auf eine Beziehungsklärung nicht einlasse, macht sie die Arbeit ganz alleine und deutet ihre Phantasien selbst. Sie verteidigt damit ihre Neurose (Freud 1913). Ich respektiere dies als ihr Schutzbedürfnis und deute es nicht.

Ein Motto in diesen ersten Stunden ist: "Wenn ich nur bereit bin, alles auf mich zu nehmen, dann kann der ja gar nicht anders, als meinen Wünschen zu entsprechen." Als ich das nicht tue, wird sie unzufrieden und ärgerlich und muß "Dampf" ablassen. Sie beklagt sich bei mir: Sie habe alles für mich gemacht, um mir zu gefallen, weil ihr etwas an mir liege. Sie habe alles selbst zu lösen und mir die Arbeit abzunehmen versucht, aus dem Gefühl heraus, schon alles können zu müssen. Diesen Weg wolle sie jetzt aufgeben. Auch der Analyseverlauf in "Schattenmund" (Cardinal 1979), die abenteuerliche Geschichte der Analyse der Autorin, sei nicht ihr Weg. Sie reagiert erstmals richtig trotzig.

Als Wiedergutmachung zu ihrem Ärger aus der Vorstunde präsentiert sie mir in der folgenden Stunde das Geschenk und Wunder der (Übertragungs-)Heilung, das ihr - und mir - aber immerhin den Vorgeschmack dafür gibt, wie der Erfolg ihrer Therapie dereinst aussehen könnte. Auf die Enttäuschung hin, daß sich die Übertragungsheilung als nicht beständig erweist, klingen in den folgenden Stunden massive Mordphantasien auf den Vater an, die später in der Übertragung auf mich als "Geierphantasie" eine archaische Form annehmen.

Zunächst allerdings wächst die positiv idealisierende Übertragung auf mich an und bekommt Züge des Verliebtseins, wie ich aus ihrem averbalen Verhalten entnehme. Es tritt häufiger gehemmtes Schweigen auf. Sie möchte mir etwas sagen. Äußert aber nur einen "unbegrenzten Wunsch nach Wärme und Trost und ein Gefühl, als ob hier in der Analyse etwas fehle". Sie sagt es mir schließlich mit einem Traum, ihr Initialtraum und ein Übertragungstraum.

Der Traum: "Ich bin hier zur Analyse. Wir reden etwas. Plötzlich werden wir unterbrochen, es ist etwas Wichtiges für Sie. Dann ist ein Szenenwechsel, und ich finde mich wieder in der Küche meiner alten Wohnung und warte. Ich hoffe, daß das nicht so lange dauert. Ich habe das Gefühl, daß ich mich in Sie verliebt habe. Das Warten dauert lange. Es wird schon dämmrig. Plötzlich rufen Sie mich herein. Ich lege mich auf die Couch und kann nichts sagen, weil das Gefühl des Verliebtseins da ist. Das darf nicht sein. Irgendwann sagen Sie zu mir: 'Wenn es so nicht geht, dann eben anders.' Sie stehen auf und machen ein schnalzendes Geräusch mit dem Mund, so als wenn sie eine lästige Pflicht erfüllten. Dann küssen Sie mich zärtlich. Es ist schön. Ich bin überrascht. Ich erwidere diesen Kuß zärtlich. Dann ziehen Sie sich und mich aus, ganz schnell, und schlafen mit mir, und dann ist alles sehr schnell vorbei. Ich war gerade so etwas wie angemacht. Ich sage: 'Das wollte ich gar nicht.' Sie fragen: 'Was denn?' Ich sage: 'Nur in den Arm genommen werden und Wärme und Geborgenheit'. Sie sagen: 'Warum haben Sie das denn nicht gesagt?' Traumende!

Was sagt dieser Traum? Sie möchte mir mit diesem Traum ihre Zuneigung und Wünsche mitteilen. Ich deute diesen Traum nicht, sage aber, daß Liebesgefühle in der Analyse Raum haben. Ich drücke meine Freude darüber aus, daß sie es geschafft hat, ihren ersten Traum zu erzählen.

Dieser Traum ist viel für den Anfang. Er erscheint mir allerdings als viel zu früh geträumt, um auf der Triebebene zu spielen, d.h. Sexualität ist nicht sein eigentliches Anliegen. Er entstammt einer früheren (präödipalen) Erlebnisebene. So verstanden, äußert sie mit dem Traum Wünsche nach einer frühen Form der Zärtlichkeit, nach jemandem an ihrer Seite. Das Warten in der Küche symbolisiert die Erwartung nach Erfüllung solcher Wünsche.

Der zweite Teil des Traumes ist eine Vergewaltigungsszene. Sie ist das benutzte Objekt und wünscht dies wider Willen. Der Mann lebt seine Lust, und auf ihre Bedürfnisse wird nicht eingegangen. Es geht um Bemächtigung und Weglaufen. Um einen Machtkampf. Ich besitze sie, aber sie reißt emotionell aus, hat nichts davon. Motto: "Faß mich, aber krieg mich nicht!"

Wie sich in den folgenden Stunden zeigt, hat der Traum für sie Aufforderungscharakter an mich. Ich soll etwas mit ihr tun und in diesem

Sinne ihr den Beweis meiner Akzeptanz erbringen. Sie ist auch stolz, diesen Traum erzählt zu haben und voller Erwartungen. Als diese nicht erfüllt werden, ist sie schwer enttäuscht und ärgerlich. "Warum macht der nichts mit mir, warum ist er so passiv?" und "Immer die gleichen Sprüche". Sie phantasiert mich im Besitz der Zauberformel und des Schlüsselwortes, das alles löst ... und sie von der Analyse erlöst. Erst bei fortgeschrittener Analyse bekommen ihre Liebeswünsche an mich mehr sinnliche Qualität. Und nach eineinhalb Jahren gelingt es ihr, eine solide und sexuell lustvolle Partnerbeziehung anzuknüpfen.

Ihr Liebeswunsch verdichtet sich schließlich zu der Frage von mir, ob sie eine Liebesbeziehung mit mir anfangen oder lieber weiter Therapie machen will. Sie legt sich nicht fest: Ihr Wunsch sei allumfassend, nach Verschlingen, Trost, Einverleibung, Geborgensein, zurück in den Mutterbauch. Ich bin Rabenvater und Rabenmutter in eins, denn mit diesen unstillbaren Wünschen lasse ich sie allein und fahre in den Urlaub.

Was läßt sich aus den ersten zwanzig Stunden der Analyse erkennen? Eine positiv idealisierende Übertragung mit primären Liebesgefühlen im Sinne einer Bemächtigung geht Hand in Hand mit dem Aufbau eines sich verfestigenden Arbeitsbündnisses.

Schwierigkeiten bereitet ihr der Umgang mit den Frustrationen der therapeutischen Abstinenz im Zusammenhang mit dem Wunsch nach Bedürfnisbefriedigungen, die bis in ein frühes Stadium mit symbiotischem Verlangen zurückreichen. Allerdings sind die Mängel aus der symbiotischen Phase nicht so ausgeprägt, daß ein Ich-strukturelles Defizit resultiert. Sie kommt mit einer typisch passiven Haltung, die auf magische Erwartungen dem Therapeuten gegenüber abzielt. Ihre Erwartungen haben allerdings positiven Charakter, und damit ist sie schon einen Schritt weiter als jemand, der mit negativen Erwartungen kommt, wie z.B. frühgestörte Patienten. Sie nimmt ihre Objekte, wie hier den Therapeuten, als überwiegend gut wahr, wenn auch aus der infantilen Position der Omnipotenz. Aus der Logik dieser Sicht wird der Therapeut als bedürfnisbefriedigendes Objekt zu Recht mißverstanden (Blanck und Blanck 1978). In diesem Sinne erwartet sie von mir eine magische Lösung für ihre Schwierigkeiten durch die therapeutische Allianz mit einer omnipotenten überidealisierten Figur. Damit wird hier eine Position bezogen, die auch auf präödipale Mängel hinweist.

Zu fragen wäre allerdings, wie der Beginn dieser Analyse von unterschiedlichen Blickwinkeln aus zu verstehen sein könnte:

1. Als Regression im Dienste eines frühen begrenzten Mangels, der im Sinne einer positiven Neuerfahrung (Balint 1973) ein therapeutisches Gesicht erhält.

2. Oder: Ist der Beginn der Analyse ein grandioses regressives Abwehrmanöver gegen relativ bewußtseinsnahe sexuelle Wünsche, um eben von diesen sexuellen Wünschen abzulenken? Die Regression wäre dann "gespielt" im Sinne der Liebeswerbung. Der Charakter des Unechten müßte spürbar sein. Sie wirkt jedoch echt in ihren Anliegen und Übertragungen auf mich.

3. Als weiterführende Position: Gibt es unterschiedlich tiefe Regressionen, die nebeneinander bestehen können? Kann ich Beate also zu verschiedenen Zeitpunkten auf verschiedenen Regressionsstufen antreffen? Dann bin ich in einer frühen Form ihrer Übertragung mehr der Geborgenheit und Sicherheit Gebende, in einer reiferen Form mehr der sinnlich Begehrte, der ihre hungrig-sehnsüchtigen Allerwartungen stillen soll. Allein aber der Versuch, dieses Ansinnen zu erfüllen, müßte enttäuschend und fruchtlos bleiben. Nicht nur, weil ein solcher Versuch im Sinne der therapeutischen Abstinenz fragwürdig wäre, sondern auch, weil das ersehnte Objekt unverführbar oder entfernt bleiben muß, um den Sinn des Sehnens zu erfüllen (s.a. "Die sehnsüchtige Tochter").

Allerdings scheint jede allzu scharfe Trennungslinie zwischen den frühen Wünschen und dem reiferen sinnlichen Begehren utopisch. Ein Changieren zwischen den Ebenen kann "normal" sein oder natürlich auch eine Form des Widerstandes, zum einen gegen allzu stark andrängende Liebesgefühle oder zum anderen gegen das bedürftige ungeschützte Kind in ihrem Inneren. Dann kann, aber muß nicht das Präödipale für das Ödipale stehen, sondern beides ist in allen Libidoentwicklungsphasen nebeneinander anzutreffen. Zutreffend wäre dann hier der Begriff der mangelnden Phasendominanz von Anna Freud. Diese dritte Position scheint mir das, was ich bei Beate erlebe, am besten wiederzugeben und verlangt mir ab, unterschiedlich zu intervenieren (Cremerius 1979).

Welche Gegenübertragungsgefühle mobilisiert die Reinszenierung der frühen Vater-Tochter-Szene am Beginn der Analyse bei mir?

Da von den frühen (prägenitalen) Wünschen schon die Rede war, für die ich als symbiotisches Objekt zur Verfügung stehe, soll jetzt von den erotischen Gefühlen die Rede sein. Also, wieviel Vorlust "verkoste" ich, wieviel "Störung" durch sexuelle Phantasien ist mir erträglich, ohne den Gegenübertragungscharakter dieser Empfindungen und durch deren Handhabung die Förderung des analytisch-therapeutischen Prozesses aus dem Auge zu verlieren?

Zu lesen ist, daß die Sicht der Abstinenz auch zu Freuds Zeiten sehr unterschiedlich war, und Ferenczis Einstellung zur Abstinenz für Freud - horribile dictu - Explosionscharakter hatte. Dies besagt ja nichts anderes, als daß gestern wie heute die Abstinenz einer der empfindlichsten Punkte in der analytischen Methodik darstellt.

Freud (1915) bezieht eine klare Position zugunsten strikter Abstinenz, läßt aber mit humorvoller Sensibilität erkennen, daß es auch unentrinnbare Situationen geben kann. Nämlich, daß es "Frauen von elementarer Leidenschaftlichkeit" gibt, "Naturkinder" ... "die ... nur zugänglich sind für Suppenlogik mit Knödelargumenten. Bei diesen Personen steht man vor der Wahl: entweder Gegenliebe zeigen oder die volle Feindschaft des verschmähten Weibes auf sich laden."

Nun, vor dieser Situation stand ich nicht. Die Wucht der Gefühle von Beate zu mir war durch den schwärmerisch-romantischen Charakter besänftigt und ihre innere Ambivalenz gebremst. Ihre Phantasien vertraute sie mir, aber ausschweifender ihrem Tagebuch an. Meine Gefühle zu ihr als meiner "Lieblingstocher" trugen die Züge väterlich-töchterlicher Liebe, bei der ein Stück Erotik durchaus spürbar war. Dieses Stück Erotik nehme ich auch - allerdings in weniger reifer Form - gegenüber meiner kleinen Tochter wahr. Was ich zu ihr empfand, war also eine Liebe, die diesseits von Verliebtsein und Begehren angesiedelt war.

Ich fühlte deutlich, daß ich diese unsichtbare Linie nicht zu überschreiten brauchte. Jeder muß schließlich die Linie da ziehen, wo er sie ziehen kann, Abstinenz hin, Agieren her. - Meine Gefühle zu ihr waren beständig und prägten auch die Atmosphäre der Stunden. Diese konnten auch angesprochen und reflektiert werden. So war meine emotionelle Verläßlichkeit, über die ich mich freute, ein wichtiges Element in ihrem analytischen Prozeß.

Greenson (1975) sagt, daß Liebesgefühle zu Beginn einer Analyse den Wunsch nach Angenommensein und gleichzeitig die "schreckliche

Angst abgelehnt zu werden" im Sinne von Im-Stich-gelassen-Werden symbolisieren. So verstand ich ihre anfänglichen häufigen Fragen, ob ich sie gern möge. Diese Frage wurde später immer seltener gestellt und entfiel schließlich, da sie schließlich überflüssig geworden war. Die Antworten, die sie sich auf diese Fragen selbst gab, entsprachen dann auch mehr und mehr der Realität meiner Zuneigung zu ihr.

Die Neuerfahrungen für sie in der therapeutischen Beziehung lagen an dieser verletzlichen Stelle der Vater-Tochter-Beziehung. Die frühe Szene mit dem Vater war von Verliebtheit und Begehrlichkeit, aber emotioneller Unverläßlichkeit geprägt. Er gab weniger als er versprach und wandte sich dann seinem Sohn zu. Mein Eindruck ist, daß sie diesen Mangel durch meine verläßlich positive Zuneigung in eine Neuerfahrung umwandeln konnte.

3.3 Geierphantasie

Meine therapeutische Haltung Beate gegenüber bringt einerseits eine Neuerfahrung in Gang, führt andererseits aber - folgt man der Logik ihrer Vaterübertragung - zu einer Enttäuschung: "Als Täter ist er ein Versager."

Ermutigt durch das gewachsene Vertrauen und die konkrete Erfahrung, daß ich nicht strafe, kehrt sie jetzt das gegen mich, was früher gegen sie gewandt wurde: "Mal sehen, ob der wenigstens als Opfer brauchbar ist." Die Inszenierung geht von ihr aus, so daß ich mich unversehens in der Opferrolle vorfinde.

Sie hatte sich nicht, wie sonst üblich, vor Stundenbeginn gemeldet. Ich warte zehn Minuten und gehe dann vor die Tür. Da sitzt sie. Ich spreche sie darauf an, daß sie sich nicht gemeldet hat, woraufhin sie sagt: "... sie sollten ausruhen und ... weil ich Ihnen nichts antun möchte."

Etwas später fällt dann der entscheidende Satz: "Ich sitze da und *warte wie ein Geier*." Ich sage daraufhin erschrocken: "Das klingt ja so, als müßte ich mich in acht nehmen, von Ihnen nicht aufgefressen zu werden." Später im Verlauf der Stunde aber kommt indirekt die Anfrage, ob sie denn so riesenhafte Wünsche an mich haben darf; ob ich trotzdem mit ihr arbeiten möchte, ob also unser Arbeitsbündnis die "Geier-phantasie" - ihre ungezügelte Gier - aushält.

Diese Frage ist nur zu berechtigt, denn ich merke Reaktionen bei mir. Ich bin erschrocken über das starke Bild, ich fühle mich unwohl in der Opferrolle und meine Phantasien geraten ins Stocken. Sie hat emotio-nellen Zugriff auf mich, indem sie mich mit solchen und ähnlichen Bildern konfrontiert. Es wird mir klar, daß ich nicht gern als verenden-des Opfer oder gar als Aas erlebt werden möchte, wofür ich als Objekt ihrer gierigen und sadistischen Verschlingungsphantasien ja herhalten muß. Sie sagt: "Ich habe als Geier das Gefühl, daß ich immer mehr und mehr will, und dies Loch nie ausgefüllt wird. Das wollte ich schon lange sagen ...."

Dann warnt sie mich: Ich solle mir jetzt am Anfang überlegen, ob ich weitermache, denn wenn es "dicke" komme, brauche sie mich. Sie warne mich vor sich und davor, sie nicht im Stich zu lassen. Sie befürchte, daß sie das nicht ertragen könne. Ich gehe davon aus, daß sie einerseits auf meine Reaktionen antwortet, andererseits auf das in der Geierphantasie liegende tödliche Verlangen und die damit verbundenen Verlustängste. Später wird das Geierbild auch von seiner Täterseite her beleuchtet.

Sie sagt: "Sie reichen mir den kleinen Finger und ich grabsche mir die ganze Hand. Meine Unersättlichkeit ... Wenn ich gerade drin bin, ist die Zeit vorbei und mehr geht nicht."

Und dann später: "...am liebsten mit Haut und Haaren und im-merzu. Da ist wieder dieser Geier."

Ich: "Wenn Sie der Geier sind, dann bin ich das leblose Opfer, das Aas."

Sie: "Ja, ich sehe das auch so. Sie als Opfer. Ich will immer mehr und Sie greifen, und das wollen Sie nicht. Sie sind das Opfer, weil ich Sie immer wieder versuche zu fressen, mit Haut und Haaren. Ich merke immer stärker, daß ich das will. Das macht mich krank, aber ...."

Ich vollende diesen Satz für mich: "Du verendest ja nicht oder gibst ja nicht auf," und greife das auf: "Dann warten Sie darauf, bis ich soweit bin, daß Sie mich fressen können."

Sie:" Ja, bis Sie Ihren Widerstand aufgeben oder gehen. Sie halten es nicht mehr aus."

Ich spreche die Wunschseite an: "Also ich soll meinen Widerstand aufgeben, weggehen ... Ihnen Vorwürfe machen, Sie bestrafen..."

Sie. "Ja, ich bin so froh, daß das nicht so ist, trage aber noch so eine Fassade ..."

Ich: "Man könnte ja auf den Gedanken kommen, daß Sie irgendetwas davon gehabt haben, wenn Sie das so vermissen."

Sie: " ... Druck und Gewalt ist etwas, was ich lange, vielleicht schon immer kenne. Darauf kann ich reagieren ..."

Sie erzählt dann, wie der Vater mit ihr umging, nach dem Motto: "Erst Arsch voll, dann lieb sein" und die Mutter sie an den Vater verpfiff.

Sie: "Sie verkörpern so viel für mich, was ich noch nicht kennengelernt habe. Daher diese Sucht, diese Sehnsucht."

Am Ende der Stunde steht dann der Gedanke, mal ganz abhängig sein zu können von mir, verbunden mit der Zukunftsperspektive, das Abhängigsein, wenn sie es einmal sattsam gehabt und genossen habe, dann auch hinter sich lassen zu können. In einer späteren Stunde, als die Bearbeitung des Vaterkonfliktes mehr in der Vordergrund tritt, sagt sie: "Ich bezirzte meinen Vater geierhaft!"

Positiv zeigt sich, daß die starre Fixierung auf die Opferseite sich lockert und sich jetzt gegen den Therapeuten kehrt. In ihrem Griff nach diesem kommt sie der Täterseite mit einem gierig - sadistischen Gepräge nahe und damit auch dem Intentionalen. Impliziter Bestandteil der Geierphantasie ist ja, daß der Geier so lange bei dem Opfer ausharrt, bis dieses verendet, d.h. bis das Objekt sich ausliefert - oder aber der Therapeut die Arbeit mit ihr aufgibt. Die unbewußte archaische Phantasie richtet sich darauf, den Therapeuten um den Preis der Leblosigkeit durch Einverleibung allein zu besitzen und niemals wieder hergeben zu müssen. Dies ist nichts anderes, als das, was Freud (1913) einen oralen Kannibalismus genannt hat. Damit konstelliert sie in der Übertragung auf mich ein frühes Beziehungsmuster, das die Konstanz und immerwährende Verfügbarkeit des Therapeuten - in ihrem Bauch - sichern soll.

Ihre Verlustängste entspringen dem tödliche Verlangen, das damit artikuliert wird. Andererseits muß der Therapeut aber zu ihrer Selbstrettung als lebendige Figur erhalten bleiben. Real führte dieser überwertige Besitzanspruch in Partnerschaften und auch bei den Eltern zum

Rückzug und damit zum Verlust überlebenswichtiger "Objekte". Dies erlebte sie im Sinne einer masochistischen Bedürfnisbefriedigung als gefürchtete und gleichzeitig erwünschte Bestrafung.

Eine grundlegende Neuerfahrung im Zusammenhang mit der Erkenntnis, daß ich all dem gewachsen bin, bahnt sich an. Sie hat ein Stück Sicherheit gewonnen, in dem Vertrauen darauf, daß unsere Beziehung der Geierphantasie standhält. Jetzt kann sie, nachdem sie ihren ganzen Sommerurlaub über zu mir gekommen ist, ein Stück von mir ablassen. Sie fährt mit Freunden für ein paar Tage nach Paris.

3.4 Traummann und Prinzessin

Zeigte Ihre Gier bis jetzt ein unverhüllt archaisches Gesicht, so wandelt sich dies Bild zu einem Liebeshunger mit erotisch - sinnlicher Qualität.

Ein Traum: "Es geht mir nicht gut, und ich warte auf einen Anruf von Ihnen wegen eines Termins. Der Anruf kommt, wir treffen eine Abmachung. Ich wünsche mir jedoch, Sie kämen gleich zu mir. Ich habe aber im Traum nicht daran geglaubt, daß das so kommen würde. Später klingelt es an meiner Tür, und ich drücke den Summer. Ich sehe Sie die Treppe heraufkommen und freue mich riesig. Ich komme Ihnen zwei Stufen entgegen. Sie nehmen meine Hand und gehen zwei Treppen tiefer. Sie setzen sich mit mir auf die Stufe. Sie sagen mir, Sie hätten am Telefon bemerkt, daß ich so traurig sei. Ich erzähle dann und Sie legen den Arm um mich und ich heule mich aus. Dann ist es gut."

In diesem Traum kommt noch einmal die frühe Liebe zum Ausdruck in dem Wunsch nach einer guten Vaterfigur, die ihre frühen Wünsche erfüllt. Als Sexualsymbol taucht die Treppe auf (der "Steiger", "Fensterln"). Daß ich mit ihr die Treppe heruntergehe, deutet auf Erregungsabfall hin. Sie wünscht unsere Beziehung zu desexualisieren. Im Traum tut sie das Gegenteil von dem, was ich häufig bewußt bei ihr wahrnehme. Auf der unbewußten Traumebene soll ich ihre Wünsche erraten und als väterlicher Freund erfüllen. In diesen Wünschen findet sie sich wieder. Es gibt aber nicht ausschließlich diese Ebene, die wir schon kennen, sondern daneben regt sich unübersehbar reifere Sinnlichkeit.

Es beginnt damit, daß sie mich zu ihrem Traummann erklärt. Sie wählt also mich als Objekt, an dem sie sich mit ihren Liebesgefühlen auseinandersetzt und fordert drängender tätige Gegenliebe bei mir ein. Sie phantasiert, mich unter anderen Bedingungen getroffen zu haben. Ich biete Differenzierung an, d.h. die Liebesgefühle als Phantasie zu genießen und von dem Erfüllungswunsch zu trennen. Sie versucht, mir die Erfüllung auch abzutrotzen und trampelt mit den Füßen ungeduldig auf der Couch. Sie sagt: "Ich habe die Lust entdeckt ..." und "Ich fange an, durch Sie zu spüren, daß ich ein sexuelles Wesen bin und Lustgefühle habe."

Sie macht "Seitensprünge" und probt damit die Lust, in Außenbeziehungen zu leben. Bei einem solchen "Ein-Nacht-Erlebis", das sie eher wider Willen geschehen ließ, hat sie das Gefühl, schwanger geworden zu sein.

Ihre Furcht, schwanger zu sein, steigert sich zur Gewißheit. Es kommt zu einer dramatischen Szene. In der Wohngemeinschaft äußert sie Mordgelüste gegenüber dem zu erwartenden Kind. Ihre Freundin übernimmt die Elternfunktion und tadelt sie dafür. Sie lehnt sich gegen diese Art Überwältigung auf und schleudert ein Glas an die Wand. Dabei hat sie die Vision, sie treffe ihren Vater und schreie ihm ins Gesicht: "Laß mich in Ruhe!" Ihre Haß- und Wutgefühle kommen unverhüllt an die Oberfläche und erreichen extreme Ausmaße.

Sie erlebte den Beischlaf mit dem Mann als Überwältigung, als wider Willen. Alles, was wider Willen ist, ist mit der Vaterfigur verbunden. Sie räumt aber auch ein: Wo soviel Haß ist, muß auch einmal viel Liebe gewesen sein. Die Wut auf den Vater wird abgelöst durch ihre Kehrseite, die Prinzessinnenphantasie. Wenn Mutter Mittagsschlaf hielt, erwachte die Prinzessin in ihr. Sie phantasierte sich als Gefangene und Märtyrerin, die in den Kleidern der Mutter von ihrer Zofe auf Bälle geführt wurde und dort ihren Prinzen traf, der sie erkannte und befreite. Tatsächlich lief sie dann, während die Mutter immer noch schlief, an den Kühlschrank und fraß ihn gierig leer. Die Mutter resignierte und sagte häufiger: "Du immer mit Deinem Vater". Sie war Vaters Prinzessin um den Preis, daß sie so sein mußte, wie er sie wollte. Aber obwohl sie alles tat, es reichte ihm nie und "wenn es nie reicht, dann muß ich irgendwann aufgeben. Es ist ein schlimmes Gefühl, so aufzugeben".

Nach dem Affektausbruch fühlte sie sich frei für die Zuwendung zu anderen Menschen. Die Nachricht, daß sie nicht schwanger sei, feierte sie mit einer Flasche Sekt. Die Trauer, die dann folgte, war die Trauer um den Verlust all der Phantasien, die sich um die Vaterfigur rankten.

Sie fragt an, ob auch ich ihr verlorengehe, da in der Vaterübertragung der Vater und ich zusammenfließen. "Sie und mein Vater, alle Gefühle vermischen sich." Sie möchte sich fallenlassen können, ohne zum gefallenen Mädchen zu werden. Sie möchte in Schlaf fallen wie Dornröschen, aber es soll kein böses Erwachen geben. Sie erlebt sich als zunehmend begehrenswert für viele Männer.

3.5 In meinem Kopf - Aus meinem Kopf

Während sie sich vorher so erlebte, als sei sie in meinem Kopf, um alle meine Gedanken zu kennen und sich dadurch vor Zukünftigem sicher fühlen zu können, träumt sie sich jetzt als geboren und auf dem Bauch ihres Traummannes. Sie möchte rausschreien: "Ich liebe!"

Doch halten wir einen Augenblick inne bei der Frage, was es für sie heißt, in meinem Kopf zu sein, meine Gedanken zu wissen und so gegen Überraschungen abgesichert zu sein. In der Mythologie gibt es Darstellungen von Kopfgeburten. Dabei findet man in den Mythen voneinander unabhängiger Kulturkreise ganz analoge Symboliken. Der männliche Kopf hat dabei die Funktion eines bergenden, aber auch kreativen Uterus. In der griechischen Mythologie entspringt Athene dem Kopfe des Zeus (Abb. 1).

Thornton Wilder beschreibt in seinem Roman "Der achte Schöpfungstag" (1967, S. 2O), daß in den Stammesmythen der Kangaheela-Indianer der erste Kangaheela aus der Nase des Allvaters geboren wurde.

Leonard (1985, S. 2O7) interpretiert solche androgyne Phantasien bei Patienten ganz allgemein als Anhaltspunkt dafür, daß eine Integration der weiblichen und männlichen Elemente in einer Person erfolgreich gelungen ist.

Für Thomä (1981, S. 123 ff.) wird der "Kopf des Analytikers zum Stellvertreter alter unbewußter Objekte", sein Inhalt zum "Vertreter neuer Möglichkeiten".

In diesem Sinne spricht Beate zum einen ihr Sicherheitsbedürfnis an. Daran läßt sich ihr Verlangen nach einer frühen symbiotischen Form der Identifizierung mit dem Analytiker sehen - als ungeboren in seinem Kopf. Andererseits ist sie Ausdruck einer hungrigen Omnipotenzphantasie, einer Neugier und eines "Allhungers" nach Wissen und Vorauswissen, nicht nur um die eigene Person. So eröffnet die Kenntnis der Denkzusammenhänge des Analytikers - der Spaziergang in seinem Kopf - ihr allerhand Einsichten und damit therapeutische Entwicklungsmöglichkeiten. Der Einblick in seinen Kopf gibt im analytischen Prozeß Anlaß, seine Person von seiner Funktion zu differenzieren und eine identifikatorische Übernahme von erwünschten Teilfunktionen (seine Furchtlosigkeit, sein Verständnis, sein Wissen über Zukünftiges etc.) zu erleichtern.

Abb. 1: Geburt der Pallas Athene in Minerva. In: Michael Meier, Atalanta Fugiens, hoc est, Emblemata Nova de Secretis Naturae, Oppenheim 1618.

4   Die unschuldige Tochter

Die unschuldige Tochter hat Angst vor ihren eigenen Liebeswünschen oder den vom Vater vermeintlich oder tatsächlich auf sie gerichteten Liebesimpulsen und setzt diesen ein standhaftes "Nein" entgegen. Dieses "Nein" schützt sie vor ihren eigenen Hingabewünschen und Verführungen und ist somit ein mächtiger Hüter und Wahrer ihrer Unschuld. Die Annäherung an den Vater oder die Annäherung des Vaters an sie läßt bei ihr Befürchtungen aufkommen vor der Schwächung, Aushöhlung oder, um im Wortsinn zu bleiben, "Entneinung" ihres Nein und damit vor dem Verlust ihrer Unschuld. Der Vater wird als Versucher, Verführer oder bedrohlicher Überwältiger phantasiert.

Um sich vor ihm zu schützen, muß er gemieden, abgelehnt, ignoriert, verdrängt, ausgeblendet, kurz, auf jede nur erdenkliche Weise verneint und damit magisch unschädlich gemacht werden. Die Formen der Verneinung, wie auch immer sie sich vollziehen, können als magische Zauberrituale verstanden werden, mit denen der Vater entmachtet oder konsequenterweise sein magischer Tod herbeigeführt werden soll.

Die Tochter zieht sich innerlich oder äußerlich vom Vater zurück, nimmt sich in acht vor ihm, weicht ihm aus oder flieht vor ihm. Obwohl sie dies tut und sich dadurch einen Abstand verschafft, ist der Vater weniger fern und konturierter, als zum Beispiel bei der sehnsüchtigen Tochter. Allerdings schreckt auch die unschuldige Tochter, ihrer inneren Metalogik folgend, vor dem Zusammenprall mit dem Vater zurück. Dies ist eher eine Vorliebe der geharnischten Tochter. In der Annäherung an den Vater steht die Unschuldige ihm näher als die Meerjungfrau, hält sich aber ferner als die Amazone.

Der Sinn all ihrer Bemühungen um den Vater liegt wesentlich in der Schaffung und Aufrechterhaltung eines "erträglichen" und damit Sicherheit gebenden Abstands zu seinen als auch ihren eigenen Triebwünschen, der ihr die Aufrechterhaltung ihrer Unschuld garantiert. Ihre Zweifel allerdings erwachsen aus der Besorgnis, ob die "optimale" Entfernung oder Nähe zum Vater auch tatsächlich gegeben ist, und damit ihre All-Unschuld auch der noch so geringsten Schuld entgehen kann.

Dies ist besonders wichtig, wenn die Aufrechterhaltung einer verabsolutierten Unschuld notwendig ist.

In diesem Fall würde schon die geringste Schuld oder Sünde, das geringste Nachgeben gegenüber der Versuchung, dem Liebeswunsch, eine Vernichtung der Unschuld bedeuten und damit ihren magischen Tod. In der absoluten Welt des magisch-mythischen Denkens beherrschen die grandiosen Gegensätze des Alles-oder-Nichts das Weltgeschehen. Das Auftauchen konkreter Einzelheiten von Teilschuld bedeutet den Kollaps des Ganzen, den es um jeden Preis zu verhindern gilt. Im psychotischen Versündigungswahn verdichtet sich diese Dynamik, und die lächerlichste Schuld bekommt als All-Schuld Realitätscharakter.

Die innere Ambivalenz der Tochter erwächst allerdings aus dem Wunsch nach dem Vater und der Angst vor dem Vater, in der sie sich den Wunsch nach dem Vater versagen muß. Wie lange aber kann der Wunsch nach dem Vater durch den Bannstrahl des "Nein" bezwungen werden? Um diesen Zweifel an der eigenen Sicherheit vor dem Bösen immer wieder bestätigen oder entkräften zu können, muß der Vater als Gegner-Partner verfügbar sein. Er muß in Ruf-, Hör- oder Tastweite "da" sein, damit sie ihm gegenüber die Ablehnung - je nach Maßgabe ihrer oder seiner inneren Notwendigkeiten - jederzeit vollziehen kann.

Sie könnte sich also mit dem Vater auf eine gewisse Nähe, Vertrautheit, Intimität einlassen oder ihn dazu verführen, um ihn dann wieder zurückzuweisen in die Optimaldistanz. Dadurch kann die Beziehung beider ihren All-Nein-Charakter nicht verlieren und ihre Unschuld kommt nicht in Gefahr. Der Vater allerdings ist unverzichtbares Requisit bei der Inszenierung dieses All-Nein-Kommunikationstheaters. Der Reiz dieses Spiels besteht für Vater und Tochter gerade darin, einander immer wieder zu entwischen, aber einander doch ewig vor der Nase herumzugaukeln und so Macht übereinander zu haben.

Die Fangspiele, die meine kleine dreijährige Tochter Anna mit mir inszeniert, laufen nach diesem Muster ab. Sie bietet sich mir an, versucht mich, ich laufe hinter ihr her, sie läuft weg, ich greife sie, sie protestiert lachend: "Nein, nein!", ich lasse wieder los und das Spiel beginnt von Neuem. Wenn ich mich abwende als der "Genarrte", verliert das Spiel seinen Sinn, dann bin ich der Spielverderber. Das Motto für diese Spiele könnte heißen: "Fang mich, aber fass mich nicht." - " Wasch mir den Pelz, aber mach mich nicht naß." - " Tu es und tu es gleichzeitig nicht."

Wie könnte das Verhalten des Vaters die Interaktion beider beein-flussen? Er könnte gekränkt sein und die Tochter gar nicht beachten. Das wäre ihr magischer Tod, denn ihre Ablehnung ist ja die paradoxe Form ihrer Liebe zu ihm. Ferner könnte er die Tochter ablehnen, also es genauso machen wie sie, dann ständen beide sich schroff mit klaren Fronten, mal weicher und mal härter, gegenüber. Beide könnten einander in einer verläßlichen "Ablehnungsliebe" sicher sein, die zudem beider Unschuld garantiert. Insbesondere aber ein geharnischter Vater könnte, um Erfüllung in seiner Tochterliebe zu finden, gegen die Standhafte anrennen und sie auf die Probe stellen, was ihre Standhaftigkeit nur verfestigen würde.

Er könnte die Tochter aber auch entmutigt verlassen, vor ihrer Kälte flüchten und davonlaufen. Das wiederum brächte die Tochter in eine prekäre Situation. Ihre Ablehnung dem Vater gegenüber verliert dann plötzlich ihren Sinn und wird sozusagen überflüssig. Wenn sie aber durch ihre Abwehr nicht die innere Garantie für ihre Unschuld immer wieder erneuern kann, gerät diese in Gefahr, ihren absoluten Charakter zu verlieren. Um jenen aber bestätigt zu sehen - und dies ist eine ma-gische Notwendigkeit - muß sie den Vater aufsuchen und ihn wiederum versuchen, damit sie sich ihm, wenn er sich ihr wieder zuwendet, versa-gen kann. So kann sie sich ihm gegenüber wieder als Unschuldige profi-lieren und bestätigt fühlen als die einzige omnipotente "Verneinerin" des Vaters, die so Macht über ihn ausübt. Denn ohne durch ihn dies zu fühlen, wäre sie ja nicht die, die sie dann ist.

Es könnten ihr auch andere Männer ersatzweise den Gefallen tun, sich ihrer Ablehnung anzubieten, mit demselben oder einem sehr ähn-lichen Ergebnis. So laufen Vater und Tochter, oder Tochter und Vater, in dem ihnen jeweils erträglichen Abstand hintereinander drein und ent-gehen so der Katastrophe, einander wirklich zu begegnen. Die Katastrophe wäre die Hingabe an den anderen - der Sündenfall. Die unschuldige Tochter ist aber ihrem Selbstverständnis nach die Tochter *vor* dem Sündenfall, die mit ihrer Unschuld die Vergehen der Sünder tilgt, besonders die des Vaters.

Der Vater könnte sich aber auch so "normal" verhalten, daß die Ängste bei der Tochter schwinden. Wie habe ich mich Anna gegenüber verhalten? Ich mußte lernen, sie nicht festzuhalten, vielmehr sie loszu-lassen, kurz bevor sie anfing zu protestieren und das Stück ungestillter

Sehnsucht, das bei mir blieb, indem sie mich nach kurzem Verweilen wieder verließ, auszuhalten. Tat ich dies nicht, reagierte sie geharnischt oder, wie mir schien, mit Ängsten und mied mich dann. Hielt ich sie jedoch nicht fest, suchte sie spontan meine Nähe solange, wie es ihr gefiel. Und auch ich kam und komme dabei nicht zu kurz.

Bei der Versuchungs-Versagungsdynamik (Schultz-Hencke 1965) werden die in der Versuchungssituation entstehenden Wünsche durch die Versagung unschädlich gemacht. Das Mittelwort Versagung enthält sowohl die Aktiv- wie die Passivform. Aktiv ausgedrückt hieße Versagung, die Tochter weist die Liebeswünsche des Vaters zurück, verneint sie, passiv ausgedrückt hieße das, die Tochter fühlt sich abgelehnt und versagt beim Vater in ihrer weiblich-töchterlichen Rolle aus Angst vor den eigenen oder den vom Vater auf sie gerichteten Liebeswünschen.

Bei Schultz-Hencke (1965, S. 96) heißt es sinngemäß, daß die Gehemmtheiten und Isoliertheiten - als Funktion von Liebesangst - qua Distanz den Weg zu erfüllender Befriedigung versperren. Der Lebens-, sprich Liebeshunger staut sich an. "Seine bisherigen intentionalen Zuwendungen zur Welt ... seine Zärtlichkeits-, seine Liebes- und sexuellen Gewohnheiten weiterhin erfüllt zu sehen, versagt ihm das Schicksal." Aber wer spielt denn hier Schicksal? Wohl Tochter und Vater selbst und miteinander. Die Lebens- und Liebesphilosophie Versagender könnte lauten: "Laß Dich nicht auf die Ergriffenheit der Liebe ein. Es kommt nichts dabei heraus ..." (Schulz-Hencke 1965, S.100).

Schwellensituationen wie Examina, Kinderwunsch, Geburt eines Geschwisters u.ä. aktualisieren durch damit einhergehende Ängste eine latente Versuchungs-Versagungs-Dynamik. Die frühen Wurzeln dafür liegen in den Ursprüngen der Vater-Tochter-Beziehung.

Bisher war von der Tochter die Rede, die das Vaterobjekt in einer Optimal-Distanz oder Optimalopposition hält, in der sich beide als unzertrennliche Gegner-Partner begegnen und ge- oder auch mißbrauchen. Es gibt noch eine weitere Variante, in der diese Distanz scheinbar nicht mehr existent ist. Dabei paßt die Tochter sich dem Vater an, unter Aufgabe - oder besser Verleugnung - ihrer eigenen Identität. Ihre Verneinung richtet sich dann gegen die eigene Person. Sie scheint dann mit dem Vater verschmolzen, eins zu sein. Sie wird sein "besseres Ich", sein "Schatten", sein "Abklatsch".

Der äußeren totalen Anpassung kann jedoch die innere Distanzierung gegenüberstehen. Alles, was dann zwischen Vater und Tochter geschieht, geschieht unter dem Vorbehalt bzw. dem Schutze der inneren Distanz. "Es" geschieht und "Es" geschieht gleichzeitig nicht. "Es" wird nicht wahrgenommen, vergessen und dadurch ungeschehen gemacht. Motto: "Was war das eben?" fragte die Jungfrau und bekam ihr erstes Kind (Mentzos 1980). Pointierter ließe sich diese Verarbeitung wohl nicht ausdrücken. Sie läßt sich jedoch auch noch anders verstehen. Die Tochter bezieht ihre Identität vom Vater als ausgeliehene Identität, die sie nicht als die Ihre ansehen muß. Für alles, was im Namen dieser Identität geschieht, muß sie nicht Verantwortung übernehmen, denn es ist ja nicht ihr Selbst, das da handelt. So wahrt sie ihre Unschuld durch eine ausgeliehene Identität.

Ein Beispiel dafür ist die Nora in Henrik Ibsens Schauspiel "Ein Puppenhaus". Nur soviel sei hier gesagt: Die überangepaßte Tochter mit dem inneren Vorbehalt vollzieht den Schritt zur oppositionellen Tochter und findet dann erst ihr Selbst. In dem oben beschriebenen Sinne sind in ihrer psychodynamischen Dialektik die oppositionelle und die überangepaßte Tochter nur Extrempositionen auf derselben - natürlich magisch-fiktiven - Unschuldsebene. In beiden Positionen braucht sich die Tochter nicht einzulassen.

Wie ist das Triebschicksal? Die Liebeswünsche müssen abgewehrt, verdrängt, versagt, verleugnet, verneint werden, sie erkalten und enden unerfüllt. Der Inzest wird nicht vollzogen, und wenn es dazu käme, dürfte er nicht wahrgenommen oder müßte verleugnet werden.

4.1. Gestalten der unschuldigen Tochter

Dornröschen muß ihre Liebeswünsche dem Vater gegenüber in einen hundertjährigen Schlaf versenken. Umgekehrt ließe sich sagen, der Vater, der seiner Tochter in inniger Liebe zugeneigt ist, richtet es so ein, daß er es vergißt, die schwarze mächtige Mutter-Fee zu ihrer Taufe zu laden - eine schlimme Fehlleistung. Diese böse Fee bricht dann in die aufkeimende leidenschaftliche Vater-Tochter-Liebe ein und "rettet" beide vor dem Inzest, der Ursünde, also dem Vollzug des ödipalen Dramas, durch ihren Bannfluch, der Dornröschen in tiefen Schlaf versetzt. Die Versagung des Liebeswunsches wird an die weiblich-mütterlich-mächtige Kraft delegiert. Für die Versagung winkt dann aber ein umso verlockenderer Lohn, nämlich der Königssohn, der alle Widerstände der Dornenhecke überwindet und mit der Erlösung des Dornröschens diesem elysische Freuden ermöglicht.

Ein ganz ähnliches Versagungsmotiv ist in dem Märchen vom "Aschenputtel" der Gebrüder Grimm zu finden. Die eifersüchtige Stiefmutter, die zweite Frau von Aschenputtels Vater, versperrt den Weg zu diesem. Sie ist als Symbolfigur sehr mächtig, und diese ihre Stärke sagt etwas über die Stärke der Liebeswünsche zwischen Vater und Tochter aus, die so machtvoller Abwehr bedürfen. Warum muß Aschenputtel in Sack und Asche, also im Büßergewand gehen? Auch dies ist ein Versagungsmotiv. Errettung und Erfüllung winken dann schließlich durch den Prinzen.

Solange sich diese beiden Märchengestalten versagen, verharren sie in der Rolle des "ewigen Mädchens", bleiben passiv und abgewertet. Bei Aschenputtel jedoch erfolgt die Erlösung nach einer wahrhaft emanzipatorischen Tat, für die sie auch schuldig zu sprechen wäre oder bei der sie sich schuldig gemacht hätte, wenn sie ihr Geheimnis nicht gewahrt hätte.

Ein Beispiel für die Anstrengungen einer unschuldigen Tochter, einer als bedrohlich erlebten Annäherung seitens des Vaters zu entgehen, bietet das Märchen "Allerleirauh" (Gebrüder Grimm). Die sterbende Mutter von Allerleirauh nimmt ihrem Mann, dem König, vor ihrem Tod das Versprechen ab, daß seine nächste Frau ebenso schön sein müsse wie sie selbst. Nach Jahren erfolgloser Suche entdeckt der Vater in seiner Tochter das Ebenbild der Verstorbenen. Zunächst genießt diese die väterliche Zuwendung und Aufmerksamkeit, als jedoch der Vater sie zu heiraten begehrt, erschrickt sich Allerleihrauh sehr vor so unverhüllten Inzestwünschen und flieht. Sie hüllt sich in einen Mantel aus vielen verschiedenen Tierfellstücken, der sie und ihre Gefühle vor Entdeckung schützen soll. Die Berührung und Begegnung mit so vielen "Tierchen" bewahrt sie davor, sich auf eines näher einzulassen. Aber auch vor den sexuellen Annäherungsversuchen des Vaters ist sie durch die beschützenden Tierchen bewahrt. Sie schwärzt sich Gesicht und Hände und versteckt sich in einer Höhle (Lackner 1988).

Was geschieht, wenn die Annäherung zwischen Vater und Tochter so groß wird, daß der Sündenfall unabwendbar ist, erzählt das Märchen vom "Graumantel". Der Vater gibt seine Tochter dem Graumantel, einer verhüllten Gestalt, zur Frau, der diese in ein verborgenes Schloß entführt. Dort darf sie während einer seiner Reisen alle Zimmer des Palastes betreten bis auf eines. Als sie dennoch die Tür zu diesem verbotenen Zimmer öffnet, springt ihr der Graumantel entgegen. Das Mädchen wird vor Schreck stumm. Viel später, als ihr Leben akut bedroht ist, findet sie ihre Sprache wieder. Sie kann aussprechen, was damals geschah und gewinnt ihre Lebensenergie zurück. Der stattgehabte Inzest mit dem Vater verschlug ihr die Sprache. Über das Geschehene mußte der Mantel des Schweigens gebreitet werden (Kast 1987).

Im Vergleich zur sehnsüchtigen Tochter, deren klassische Symbolfigur die Meerjungfrau aus Andersens Märchen ist, die dem Vater fernbleibt, sich in ihrer Sehnsucht verzehrt und am Ende des Märchens dann tatsächlich zu Luft wird, ist die versagende Tochter dem Vater näher. Sie ist ihm immerhin so nahe, daß eine machtvolle Kraft wie bei Dornröschen und Aschenputtel dazwischentreten muß, um den Sündenfall zu verhindern. Allerdings findet dieser dann doch in einer kulturell akzeptierteren Form mit dem Prinzen statt, der als Vater-Stellvertreter, Nachfolger, Erbe und jugendlicher Hoffnungsträger fungiert.

Während die sehnsüchtige Tochter eine Beziehung zum Philobatismus hat, scheint mir die versagungsreiche Tochter eine Verwandtschaft zum Oknophilen zu haben (Balint 1970, S.83): "In der Welt des Oknophilen scheint die primäre Besetzung, wenn auch nicht ohne eine erhebliche Beimischung von Angst, sich an auftauchende Objekte zu heften. Der Oknophile reagiert auf das Erscheinen von Objekten, indem er sich an sie klammert, sie introjiziert, da er sich ohne sie verloren und unsicher fühlt. Allem Anschein nach neigt er dazu, seine Objektbeziehungen überzubesetzen." Im Unterschied zu Balints Oknophilem introjiziert die versagungsreiche Tochter ihre Objekte nicht, denn darin besteht ja gerade ihre Unschuld. Die "opferbereite Tochter" introjiziert den Vater. Passend wäre in diesem Zusammenhang hier, daß die "oknophile" Tochter dem Vaterobjekt nahe ist, auf dies bezogen sowie von diesem abhängig und angepaßt, und dies im Unterschied zur "philobatischen" Tochter.

Linda Leonard (1985) beschreibt sowohl den Typ der sehnsüchtigen Tochter als "das Mädchen aus Glas", in Anlehnung an die Laura aus Tennessee Williams Drama "Die Glasmenagerie" und im Kontrast dazu, die unschuldige Tochter als "das Püppchen". Ihr Beispiel ist die Nora in Henrik Ibsens Schauspiel "Ein Puppenhaus". Sie schreibt: "Im Gegensatz zu dem vorhergehenden Muster (das Püppchen), bei dem der Vater zuviel auf die Tochter projizierte und die Aufgabe darin bestand, sich von den Projektionen des Vaters und Ehemannes loszusagen, setzt dieses Muster (das Mädchen aus Glas) sich mit dem abwesenden Vater auseinander."
Beide sieht sie als "ewige Mädchen", als "Puella"-Existenzen. Die innere Identität des Püppchens ist zerbrechlich, sie weiß nicht, wer sie, als Ergebnis von Selbstverleugnung oder Negativierung des eigenen Selbst, wirklich ist. Sie muß deshalb ihre Identität von anderen beziehen, z.B. ihrem Vater, indem sie sich seinen Phantasien vom Tochtersein anpaßt und diese später auf ihren Mann überträgt. Sie ist in Wirklichkeit eine Puppe, ein Spielzeug ihres Mannes Thorvald, sein "scheuer, kleiner Liebling", sein "kleines Eichhörnchen". Sie hat Angst vor Verantwortung und Entscheidungen. Sie verbirgt vor Vater und Mann ihr Eigenprofil und verbirgt damit, wer sie wirklich ist. Über ihre Vaterbeziehung sagt sie: "Als ich noch zu Hause bei Papa war, hat er mir seine Meinungen über alles erzählt und so hatte ich dieselben Meinungen; wenn ich andere hatte, dann habe ich das verheimlicht, denn das hätte er nicht gemocht. Er nannte mich sein Puppenkind und er spielte mit mir, wie ich mit meinen Puppen gespielt habe." In der Verheimlichung ihrer eigenen latenten Stärke und Tüchtigkeit ist sie die "Versagerin", der es allerdings schon immer so war, "als täte sie nur so."

Aus der Versagerin wird dann unter Austragung heftiger Konflikte die geharnischte Tochter, die ihre eigene Identität spürt, sich abgrenzt, ihre alte Beziehung zerstört und Neues für sich aufbaut, allerdings isoliert von ihrer Familie. Das Sphinxhafte an der unschuldigen Tochter ist, daß sie das Geheimnis ihrer eigenen tatsächlichen Wirklichkeit nicht, spät oder zu spät preisgibt.

Das Allmachtliche daran scheint mir, daß sie alle möglichen Identitäten annimmt bzw. annehmen könnte, je nach ihrem Gegenüber bzw. ihrer Umwelt, wie ein Chamäleon etwa seine Farbe nach der Farbigkeit der Umgebung ändert. Leonard (1985) nennt dies treffend das "Festhalten an einer verabsolutierten Unschuld oder verabsolutierten Schuld".

Die Schuld-Unschuld-Dynamik und deren Sinn bzw. Unsinn liegt darin, daß sie glaubt, ihr So-Sein von anderen zu beziehen und deshalb niemals selbst schuldig werden zu können, weil sie ja gar nicht im Besitz eines eigenen Selbst sei.

Sie ist ja magisch identisch mit dem Partner. So läßt sie sich willig zum Objekt anderer machen, weil sie die ausgeliehene Identität nicht als die eigene, die ihre, ansehen muß und deshalb auch keine Verantwortung für das zu übernehmen braucht, was durch diese Scheinidentität geschieht. Dies garantiert ihre ewige - natürlich fiktive - Unschuld, allerdings um den Preis ewiger Selbstverleugnung. Nora entzieht sich auch dadurch, daß sie innerlich ahnt, daß noch eine wahre Identität - ihr Selbst - in ihr schlummert, der sie im Vorfeld des offenen Konfliktes mit ihrem Mann auch schon folgt. Ihrer äußeren Anpassung steht schon von Anbeginn ein inneres Sichentziehen entgegen. Solange sie aber ihr eigenes Selbst noch verleugnet und von ihrer Scheinidentität Gebrauch macht, bleibt sie im Sinne dieser Metalogik die Unschuldige, die Reine, die Madonna, die Nonne, die schwangere Jungfrau nach der natürlich unbefleckten Empfängnis, oder die Frau, die sich mit einem Partner einläßt, aber doch nicht einläßt, wie in der Josephsehe.

Der Bruch mit der Scheinidentität ist dann der Bruch mit der Unschuld und der Verzicht auf diese und das Hervortreten einer geharnischten Amazone. Was ist aus dieser Nora eigentlich geworden?

5   Die geharnischte Tochter

Die markanteste Eigenschaft dieser Tochter ist ihre Aggressivität, ihre streitige Wehrhaftigkeit gegenüber dem Vater. Ihren eigenen auf den Vater gerichteten Liebesimpulsen oder den vom Vater tatsächlich oder vermeintlich auf sie gerichteten Liebesimpulsen begegnet sie aggressiv. Dies sowohl, indem sie sich gegenüber den auf sie gerichteten Liebesimpulsen abgrenzt, ihre eigenen Liebesimpulse bekämpft oder aber kämpferisch beim Vater durchzusetzen versucht.

Sie ist die Frau mit dem Phallus, die phallische Tochter mit Lanze, Schwert und Rüstung, die geharnischte Amazone, die Liebeswünsche an sich zerschellen läßt und die eigenen Liebeswünsche mit zerstörerischer Wucht zur Entfaltung "an den Mann" zu bringen versucht. Diese Tochter ruft beim Vater Gefühle von Hilflosigkeit, Schwäche, Ohnmacht, Unterwerfung und Hingabe hervor, oder auch Ängste vor Entmachtung, Entmannung, Gesichtsverlust, also Ängste vor magischem Untergang, Teiltod durch Kastration oder tatsächlichem Tod.

Im Gegensatz zur sehnsüchtigen Tochter, die dem Vater fernbleibt und fernbleiben muß, und der unschuldigen Tochter, die sich nicht eigentlich mit Vater einlassen kann, läßt sich die geharnischte Tochter im Sinne der Auseinandersetzung, des Kampfes, des Miteinander-Ringens um Liebe und Macht auf den Vater ein.

Vater und Tochter begegnen sich nicht nur Auge in Auge, sie prallen vielmehr aufeinander. Beim Aufeinanderprallen von Vater und Tochter in der Erfüllung beider Liebeswünsche besteht nun die Gefahr, daß der eigene Liebesimpuls oder der des anderen dabei zerstört wird und abstirbt. Diese Gefahr besteht um so mehr, je größer die Notwendigkeit von Vater und Tochter ist, zur Vermeidung von Hingabe das Zerstörerische gegen das Selbst und das Liebesobjekt einzusetzen.

Ein klassisches Beispiel für eine zerstörerische Liebesbeziehung, die im Streit ihre Erfüllung findet, ist das Stück "Wer hat Angst vor Virginia Woolf?" (Albee), im Film passend mit Richard Burton und Liz Taylor in den Hauptrollen besetzt. Nach einem endlosen hartnäckigen geharnischten Kampf miteinander, finden beide Ehepartner in der Schlußszene schließlich zueinander, sind aber vor Erschöpfung nicht mehr in der Lage, aufeinander zuzugehen und sich zu lieben. Sie sind sich beide nahe, um sich letztendlich doch nicht zu finden, weil der Kampf miteinander den Tod des Liebesgefühls bedeutet.

Das zerstörerische Eindringen in den Anderen dient als Abwehr gegen den Liebesimpuls, der aufkommen könnte und zur Hingabe verleiten würde. So "erschöpft" sich die Liebe im Kampf. Abwehr und Wunscherfüllung sind eins, wobei das Liebesobjekt selbst dem Vorgang zum Opfer fallen kann, der Vater oder die Tochter erleidet Schaden, geht zugrunde o.ä.. Dieses kann die Auflösung und die Aufhebung des anderen als Liebesobjekt und damit seine endgültige Abwehr zur Folge haben. Im Kampf von Tochter und Vater wird der Liebesimpuls also abgetötet, zerschlagen, zerstritten, zerrieben, zerstört, atomisiert, zermalmt, zerdrückt, zerschmettert, zerfetzt, kurz, auf alle nur erdenklichen Arten zerstört und damit unschädlich gemacht.

Das eigentliche Ziel ist deshalb der streitige Kampf, der die allmächtige, starke und wehrhafte Tochter vor Schwäche durch überflutende Hingabegefühle oder aber ihrer eigenen Sinnlichkeit bewahrt. Gleiches gilt umgekehrt für den Vater. Ihre streitige Abwehr gegen den Vater und ihre eigenen Liebeswünsche müssen allgegenwärtig sein, um nicht in die Versuchung zu kommen, ihnen zu unterliegen, und damit ihre Macht über ihn und seine Liebesimpulse zu verlieren. Ihre Allmacht dem Vater gegenüber besteht schließlich darin, sowohl seine als auch ihre eigenen Liebeswünsche allmachtlich zu kontrollieren und zu vernichten. Diese Tochter bereitet sich selbst und dem Vater Schmerzen im sadistischen wie auch im masochistischen Sinne.

Besteht die innere Notwendigkeit, die Beziehung nach dem Alles-oder Nichts-Muster zu gestalten, so wird am Ende des Vater-Tochter-Kampfes zum einen die mehr oder minder lustvolle Unterwerfung der Tochter unter den Vater stehen. Alternativ dazu bezwingt die Tochter den Vater und unterwirft und entmachtet ihn nach Amazonenart. Die absolute Unterwerfung des Anderen ist notwendig zur Wahrung der eigenen All-Macht, All-Kraft, All-Stärke und All-Überlegenheit.

Es kann aber auch notwendig und reizvoll sein, sich den Gegner als streitigen unverzichtbaren Partner-Gegner zu erhalten. "Streitehen" bieten diese Garantie. Der Partner ist dann unverzichtbar für die Wahrnehmung des eigenen Selbst. Solange der Kampf, der Streit und das Ringen zwischen beiden anhält, spüren beide, daß sie "da" sind, ein eigenes Körper- und psychisches Selbst haben und leben. Der Kränkung des einen muß die Gegenkränkung des anderen folgen, um die Sünde der Kränkung zu sühnen und die Kränkung des anderen zu "entkränken".

Der Kampf als "Lebenszeichen" des Selbst ist dann eine Bestätigung sowohl eigener Identität als auch auch des Geschiedenseins vom anderen, darüber hinaus aber auch des Eins-Seins mit dem anderen, nämlich im Kampf. Die magische Identifizierung mit dem anderen erfolgt mit dem Teil des Selbst, mit dem beide sich auseinandersetzen. In diesem Sinne sind beide aufeinander angewiesen als streitbare Gegner und Partner. Sie verschmelzen sozusagen im Kampf statt in der Liebe. Der Kampf "bannt" den allgegenwärtigen Liebeswunsch und Triebimpuls, spürt ihn auf und zerstört ihn überall dort, wo er ihn antrifft. Das Kämpferische in Vater und/oder Tochter muß immer wachsam sein, damit es seinen irrationalen Sinn erfüllt, nämlich als Retter Vater und Tochter vor dem Sündenfall zu bewahren.

Wie lange aber wirkt die einmalige Bezwingung des Libidinösen? Das Böse, Verführerische, Teuflische, Sündige und Sinnliche in Vater und Tochter muß immer wieder unschädlich gemacht werden. Leonard (1985, S. 111) sagt treffend: "... im Grunde wehrt man sich dabei trotzig gegen die Möglichkeit als gegen dasjenige, das zu kontrollieren die Macht des Ich überschreitet. Auf die Spitze getrieben wird diese Haltung dämonisch, denn sie lehnt alle Hilfe von einer größeren Macht ab, da sie alle Macht und Stärke nur in sich selbst gegeben sieht."

Die Stärke und der Machtanspruch, mit dem die geharnischte Tochter allen Liebeswünschen entgegenzutreten versucht, hat etwas Übermenschliches, Grandioses und letztendlich etwas Verzweifeltes. In dieser Metalogik wird der Vater als Verführer und damit als der Feind gesehen, der gestellt werden muß, und mit dem ihr im Kampf als Liebesersatz die eigene Identität erfahrbar wird. Der Sieg über den "Feind" ist dann die "Ent-Bösung" des Bösen, die "Ent-Sündung" der Sünde, die "Ent-Fehlerung" des Fehltritts, der ja im Kampf stellvertretend für den Liebesakt vollzogen wird.

So, wie die gegenseitige geharnischte Kasteiung das sündige Fleisch "reinigt", wird im Kampf, der unzweifelhaft erotisch-sexuellen Charakter hat, der Akt gleichzeitig vollzogen und gesühnt. Die Bindung aneinander, das Sich-gegenseitig-Nahesein, wird durch das ewige "Sich-in-den-Haaren-Liegen" abgesichert und zerstört.

Die Anerkennung der Liebe des Vaters und zum Vater liegt paradoxerweise in ihrer geharnischten Abwehrkonstruktion gegen die eigene und die väterliche Sinnlichkeit. Wird der Inzest begangen, so wird er gleichzeitig nicht begangen, weil entweder die Sinnlichkeit oder das Liebesobjekt zerstört wird. Das Triebschicksal ist die Zerstörung des Liebesimpulses in sich selbst als masochistische Lösung oder im anderen als sadistische Lösung.

In Kunst, Literatur und Politik gibt es eine Vielzahl von Tochtergestalten, von der Tochter mit dem Penis bis zu der Tochter mit der kastrierenden Potenz, die diesen Typ verkörpern; um nur einige zu nennen: Jeanne d`Arc, die Amazone, das Flintenweib, die Brünhilde, "die" Vampir, der Racheengel, die Emanze, die Suffragette, das kastrierende Weib, das Teufelsweib, das Spartakidenweib, die Hexe, die Salomé, die Furie, die Hetäre, die Erynnie usw.

5.1. Gestalten der geharnischten Tochter

Wer als Tochtervater über die geharnischte Tochter schreibt, tut gut daran, sich seiner eigenen "Männerphantasien" bewußt zu werden. Ich tue das anhand einiger Beispiele aus dem gleichnamigen Buch von Klaus Theweleit (1977), der den männlichen Horrorphantasien von der Frau als Aggressor und Flintenweib, als dem kastrierenden Weib also, mit viel Einfallsreichtum und Scharfsinn nachgeht. Er macht dies anhand einer Analyse der Freicorps-Literatur. Deftig fällt die Darstellung von Frauen bei einer antimilitaristischen Demonstration gegen das Freicorps Berthold in Hamburg von Ernst v. Salomon aus (S. 90):

"Weiber kreischen fäusteschüttelnd auf uns ein. Steine fliegen, Töpfe, Stücke... Die Weiber, breit, in blauem Zeuge, mit nassen Schürzen und zerschlampten Röcken, fauchrot, die faltigen Gesichter unter wirr zerzaustem Haar, mit Stöcken, Steinen, Schläuchen und Geschirren, sie hämmern auf uns los. Sie spucken, keifen, kreischen... Die Weiber sind die Schlimmsten. Männer prügeln, Weiber spucken auch und keifen, und man kann so ohne weiteres nicht die Faust in ihre Fratzen pflanzen."

In dieser Darstellung wird die Frau, speziell die Proletarierin, zum monströsen Ungeheuer, zum todbringenden Flintenweib. Dies ist der

Versuch, ein "phantastisches Wesen zu konstruieren, das keift, kreischt, spuckt, kratzt, furzt, beißt, anspringt, in Fetzen reißt, schlampig ist, wirrzerzaust, fauchrot, unanständig, das herumhurt, sich auf die nackten Schenkel schlägt und sich nicht genug tun kann im Auslachen der Männer" (Theweleit 1977, S. 92).

Von Mädchen (Töchtern) und Frauen dieses Typs werden - so die "Männerphantasien" - Verstümmelungen an Verwundeten verübt - Kastrationshandlungen. Darin wird eine "Entfesselung aller rachedürstigen Instinkte in einem naturnotwendig gefühllos gewordenen Frauenherzen..."gesehen. Dies alles entsprach natürlich nicht den realen historischen Tatsachen, sondern entpuppte sich als Alptraum eines Autors.

Der Alte (Vater), der sich den Neuerungen der Zeit nicht mehr anpassen möchte, wird von der revolutionären jungen Frau (Tochter) entmachtet. Dies stellt Dwinger (Theweleit 1977, S. 97) in seinem Roman "Auf halben Wege" so dar: "Da zieht das Mädchen eine Pistole unter der Schürze hervor, tritt bis an den Rand des Abhangs, hält ihm die Pistole mitten auf den Unterleib. 'Ich kann das Aas nicht mehr hören!' stößt sie verkrampft durch den groben Mund. Sie schießt." Das Flintenweib kastriert den Mann. Unter der Schürze verborgen trägt sie die Pistole, ihren Penis.

Die Schilderung der Spartakidenweiber ist geradezu phantastisch (Theweleit 1977, S. 98 f.): "Diese reiten auf kleinen struppigen Pferden mit fliegenden Haaren und in jeder Hand zwei Pistolen. So bieten sie das Bild schrecklicher Potenz. Diese sexuelle Potenz wird nicht als vaginale sondern als phallische Potenz phantasiert und gefürchtet. Ihre Tätigkeit ist eine kastrierende: Hälse, Nasen, Ohren - alles was hervorsteht - wird von ihnen abgeschnitten."

Bewaffneten weiblichen Rotarmistinnen, die auf Männerjagd gehen - so jedenfalls das Gerücht - wird die größte kastrierende Potenz zugeschrieben: "...und von diesem viehischen Gegner gefangen zu werden, um von genießerisch lächelnden Flintenweibern den längsten Tod zu empfangen, den bittersten und zerquältesten, den einer sterben kann... Diese Toten schrien noch, obwohl sie schon erkaltet waren und werden ewig schreien, diese ausgeplünderten Zwölf von der eisernen Schar, deren jeder die schreckliche Wunde hatte, schwarz voll Blut, zwischen

Lende und Schenkel, mit der ein viehischer Feind wehrlose Verwundete geschändet hat ..."

Das Porträt einer solchen Frau in "Ruhestellung" liest sich etwa so: "An der rechten Hand Laizis saß ein älteres Mädchen, ein sogenanntes Flintenweib, um deren kleine Augen sich schwarze Ringe kerbten. Ihr schwammiger Körper lag breit auf dem Tisch, ihre mit Ringen gleichsam gepanzerten Finger spielten mit einem Revolver. Der Kommissar pflegte sie mit dem Vornamen Marja zu rufen" (Theweleit 1977, S. 101).

Die Penisattribute sind hier neben dem Revolver die mit Ringen gepanzerten Finger. Woher hat die Frau den Revolver-Penis? Als Trophäe vom Mann oder ist er ihr eigener? Devereux (1985) berichtete über einen seiner Analyse-Patienten, einen bekannten Gynäkologen, der allen Ernstes auf der Suche nach dem weiblichen Penis war. Georges Devereux mußte ihn wiederholt mit Hilfe anatomischer Darstellungen vom weiblichen Genitale davon überzeugen, daß es den weiblichen Penis nicht gibt.

Was befürchtet der Vater einer geharnischten Tochter in seinen Männer-Phantasien? Er befürchtet hauptsächlich, der Tochter zu unterliegen, seiner eigenen Männlichkeit beraubt, schwach, hilflos und ohne Macht zu sein, oder ihr aber auch andererseits im Inzest ausgeliefert zu sein. Er fürchtet sowohl die phallische Potenz als auch die vaginale Potenz der Tochter.

Woher die Tochter ihre phallische Potenz hat, darauf kommen wir noch einmal zurück. Theweleit (1977, S. 247) möchte die Vagina im Gegensatz zu Freud nicht als Organ des Mangels ansehen. Freud sieht das Medusenhaupt als Symbol für die Kastriertheit des weiblichen Geschlechtsteils. Jedoch auch diejenigen, die in der Vagina das "Medusenhaupt" sehen, fürchten ja gerade nicht die Kastriertheit, sondern die Fähigkeit der Vagina zu kastrieren. Die Erfindung der "Vagina dentata" (Devereux 1985) ist ja schließlich eine männliche Erfindung, eine "Männerphantasie", die aus diesen Ängsten gespeist wird.

"In solcher Fähigkeit liegt die zum Schrecken verkehrte *Potenz* der Vagina, und eben die scheint Freud mit großer Energie zu verdrängen, wenn er immer wieder die *Penislosigkeit* der Vagina als Schreckgespenst des Mannes ins Feld führt", so Theweleit. Nicht, weil sie gebissen worden ist, sei die "Vagina dentata" so schrecklich, sondern weil sie selber zubeißt. Weil sie also selber aktiv wehrhaft und intakt ist, nicht etwa weil sie durch Kastration verstümmelt ist. Dieser Gedanke ist sehr einleuchtend: Die Vagina als reich ausgestattetes Organ der Liebeslust und Kraft.

Die Tochter Pallas Athene stellt nicht etwa das kastrierte Genitale der Mutter (Medusenhaupt) abschreckend dar, sondern ist in dem Theweleit'schen Sinne "vielmehr das Symbol der männlichen Furcht vor ihrer nicht kastrierten schrecklichen sexuellen Potenz." - "Ihre Schlangenbehaarung steht für all die einbehaltenen Schwänze, die versucht haben, ihre weibliche Potenz zu zerstören." Das ist der Schrecken der Jungfräulichkeit von Pallas Athene: sie ist ihrer Potenz noch nicht beraubt und weh dem, der es versucht." - "Zurück zur Tochter mit dem Phallus: Flintenweiber und Spartakidenweiber mit Revolvern sind im Besitz dieser Trophäe, des 'Schwanzes'". Sie zeigen sich damit erfolgreich als "die Meduse in Aktion" (Theweleit 1977).

Der Vater befindet sich der geharnischten Tochter gegenüber also in der Position der Kastrationsabwehr, er "erstarrt" angesichts ihrer vaginalen Potenz. Dabei kommt ihm das Inzesttabu zur Hilfe, als kulturelle Verstärkung seiner Abwehr. In Umkehr der Kastrationsabwehr allerdings ist die geharnischte Überwältigung der Tochter durch den Vater im Extremfall der Lustmord.

In der paranoiden Psychose eines meiner Patienten verdichtete sich die Bedrohung durch die Tochter zur Notwendigkeit, sich durch ihren und seinen Tod mit ihr zu vereinigen und sich ihrer zu entledigen. Er erlebte in seinem Wahn, daß seine Frau oder Mutter ihm den Auftrag gegeben hätte, die Tochter zu töten. Er hatte damit eine übermächtige Verbündete, in deren Auftrag handelnd Wunscherfüllung, Abwehr und Exkulpierung eins wurden: die Vereinigung mit ihr durch den Tod, mit dem sie ewig die Seine bleiben würde und ihre Entfernung durch den Tod. Er tötete sie und legte der erkalteten Lieblingstochter seinen Ehering in die offenen Hände. Sein eigener Suizid schlug fehl. Durch die Tat wurde er zur tragischen Figur. Dieser Patient wurde ein Jahrzehnt aus der Familie ausgeschlossen, gemieden, ferngehalten, war nicht existent, hatte sein Gesicht verloren, war für die Familie gestorben, praktisch magisch tot.

Abb. 2: Die geharnischte Tochter

Der Vater also hat auch im Normalfall, will er den Ansturm der geharnischten Tochter überstehen, keine andere Wahl als die der Kastrationsabwehr, wie auch der Abwehr eigener libidinös-agressiver Wünsche, bei deren Bewältigung ihm das Inzesttabu zur Hilfe kommt. Darüber hinaus muß er im ödipalen Dreieck den Einflüsterungen der Frau/Mutter nach Beseitigung der Rivalin widerstehen, will er sich nicht selber dazu bringen, von diesen weiblichen Mächten aus der Familie verstoßen zu werden und eben damit zur tragischen Figur zu werden. Man kann den Tochtermord durch den Vater als eine matriarchale Inszenierung zur Entmachtung des Vaters ansehen.

Ist der Vater oder Mann in Gefahr, beim Blick auf die Tochter seinen "Männerphantasien", also seiner projektiven Abwehr zu erliegen, so dürfte es eine Tochter/Frau leichter haben, die Realitäten gerade der geharnischten Tochter zu sehen. Bei Linda Leonard (1985) fand ich eine Beschreibung dieses Tochtertyps.

In der sagenhaften Amazonen-Kultur war bekanntlich der Vater/Mann sozial entmachtet und trat als Vater-Figur gar nicht in Erscheinung. Er blieb anonym. Während die Söhne das gleiche Schicksal erlitten, waren die Töchter hochgeschätzt und "genossen einen hohen Ruf als Eroberinnen und Jägerinnen, als wilde Kriegerinnen und kühne, tapfere Reiterinnen ..." . Nach einigen Berichten waren die Amazonen Töchter von Ares, dem Gott des Krieges und der Angriffslust, und daher kam ihr kriegerisches Verhältnis zum Leben und ihr Gebaren als "Kriegerinnen". Diese Sage kann als mythischer Ausdruck für die Identifikation der Tochter mit den väterlich-männlichen, also phallischen Eigenschaften angesehen werden. Die Identifikation allerdings trägt andere Züge als bei der unschuldigen Tochter.

Schon in den Symbolfiguren wird dies überdeutlich. Die Amazone wirkt echter und originärer in ihrem So-Sein als etwa das Püppchen. Die Scheinidentifizierung und das Als-Ob des Püppchens entstehen ja auch dadurch, daß sie dem Vater das Handeln überläßt und sich dadurch ihre Hände in Unschuld waschen kann, während die geharnischte Amazone in ihrer Identifikation zur Selbsthandelnden wird. An der Überbetonung ihrer männlichen Identität allerdings kann sie zerbrechen. Die vermeintliche Schwäche des Püppchens ist seine Stärke, während die Stärke der Amazone ihre Schwäche ist - zumindest in ihren überwertigen Anteilen.

Man könnte fragen: Warum wählt die eine Tochter die geharnischte, die andere Tochter die verneinende Abwehr? Eine Antwort kann sein, daß jede Tochter die Abwehr wählt, die ihr am meisten Sicherheit vor dem Abzuwehrenden verspricht beim Blick auf den Vater. Es wäre zu kurzschlüssig, die Wahl der Abwehr bei der Tochter unter dem rein reaktiven Aspekt zu sehen, da in der Wahl des Abwehrmodus auch etwas von den Ich-Fähigkeiten der Tochter - ihrer Persönlichkeit - zum Ausdruck kommt.

So zeigt sich zum Beispiel bei Nora und auch bei Beate S., daß die Wandlung von der Sehnsüchtigen und Unschuldigen über die Geharnischte zur Befreiten Entwicklungsstadien symbolisieren können, auf dem Wege zu einer aktiven Weiblichkeit (s. a. den Abschnitt: Der Kampf mit dem "perversen alten Mann").

Die Irrationalität der Amazone läßt sich darin sehen, daß sie den Penis des entmannten Vaters oder Mannes als Trophäe errungen hat, und jetzt nach dem Sieg über das Männliche versucht, die Siege der Väter und Männer zu gewinnen. Nun liegt die Ironie dieses Vorganges in dem Paradoxon, das sich damit vollzieht. Die Geharnischte attackiert den Vater und entmannt, entmachtet ihn. Sie übernimmt dann die väterliche Macht und Stärke und handelt danach. Damit übernimmt sie genau das, was sie am Vater bekämpft. Sie bekämpft also das, womit sie sich selbst identifiziert und trägt aktiv kämpferisch zur Herabsetzung und Entwertung ihrer eigenen Weiblichkeit bei. Sie tut damit genau das, was ihr vom "patriarchalischen System" angetan wird. Sie zerstört die Sinnlichkeit dessen, von dem sie die Zerstörung ihrer eigenen Sinnlichkeit befürchtet oder, vielleicht noch schlimmer, *nicht* erwarten kann. Dann wäre die größere Gefahr die, sinnlich angenommen zu werden, die bekämpft werden müßte.

"...daß die Amazone, die die Machtaspekte übernommen und gleichzeitig die Fähigkeit zu liebevollen Beziehungen abgelehnt hat, einseitig und als Folge davon Opfer jener Eigenschaften wird, die sie zu überwinden versucht", meint Singer (zitiert nach Leonard 1985). Leonard charakterisiert ihre "Krieger-Königin" als eine Tochter, die ihre Weiblichkeit als Makel empfindet: "Oft spürt man bei einer solchen Frau das Zähneknirschen, das Wildentschlossene auf Gedeih und Verderb. Für die Frau, die diese Daseinsweise auslebt, wird das Leben zu einer Plage, zu einer Serie von Kämpfen, die zu bestehen sind, anstatt von Augenblicken, die sie genießen könnte. In verbissenem Ernst schreitet sie vorwärts, ihre Gefühle und den weiblichen Körper mißachtend, die sie hinter ihrem kriegerischen Schild verborgen hat. Anstatt um die echte Stärke weiblicher Empfänglichkeit zu kämpfen, sieht sie darin nur schwache

Passivität. Vielleicht ist dies das Muster vieler militanter Frauen, die darauf bestehen, daß es keine Unterschiede zwischen Mann und Frau gibt und Empfänglichkeit auf schwächliche Passivität reduzieren."

Der konstruktive Teil, den die geharnischte Tochter als Frau lebt, liegt in der Rolle der aktiven Weiblichkeit, die ihre Stärke ist, als Ausdruck von Liebesfähigkeit, Empfänglichkeit und Durchsetzungskraft im Sinne von "vaginaler Potenz". Dabei wird sie sich dem Vater gegenüber das Ausleben von Hingabeimpulsen genauso gestatten können, wie die Abgrenzungen ihm gegenüber und gerade dabei ihren eigenen "Schatz" entdecken, wie z.B. die Königstochter im Märchen vom "Froschkönig". Diese gewinnt ja den Prinzen, indem sie in Übertretung des Vater-Gebotes, statt den Frosch ins Bett zu nehmen, ihn an die Wand schleudert. Darin liegt symbolisch die Ablösung und die aktive und erfolgreiche Befreiung vom Vater (s.a. Abschnitt: "Die Befreiung").

5.2 Täter und Opfer: Beate S. - die Geharnischte

Beate macht nun die enttäuschende Erfahrung mit mir, daß ich nicht nur als Täter, sondern auch als Opfer ein untaugliches Objekt für sie bin.

Ihr Ärger darüber wird immer stärker. Sie macht ihre Aggression zum archaischen Monster. Sie befürchtet einen "Dammbruch" und das "Chaos". Sie entdeckt so viel "Böses und Schreckliches" in sich. Sie phantasiert, mit dem Fuß die Couch zu demolieren. Sie will sich zur "Wehr setzen", das sei die "Ruhe vor dem Sturm", es komme zum "Erdrutsch", sie möchte etwas "rausschreien". Die Unterbrechung der Analyse durch meinen Sommerurlaub erlebt sie als von mir inszenierte sadistische Quälerei: "Es ist nicht so, als wenn mir ein Arm oder ein Bein ausgerissen wird..." oder es ist wie eine "Faust im Magen". Ich lasse sie "im Stich" und sie fühlt sich ungeliebt. Wenn ich ihr eine gute Mutter wäre, würde ich ihr das nicht antun.

Als ich, nachdem die Analyse nach meinem Urlaub wieder begonnen hat, für zwei Stunden - weil ich krank bin - unterbrochen werden muß, stellt sie enttäuscht fest: "Leider muß ich entdecken, daß Sie auch nur ein Mensch sind" und für ausfallende Stunden müsse sie ein neues Opfer suchen.

Um dem Mangel an sadistischen Impulsen in der Analyse abzuhelfen, und da die Verfügbarkeit des Objektes Therapeut sich als unzureichend erweist, verläßt sie die Dyade und macht sich ein drittes Objekt mit sadistischen Qualitäten verfügbar; sie "trianguliert" (Rotmann 1978). Dieses dritte Objekt, eine Lehrerin, kühl, kognitiv, und über Beate S. verfügend ("ihr Abklatsch"), rivalisiert mit mir um das "Opfer". Die Freundin schwingt sich zur Co-Therapeutin auf, und ich befürchte ein "Leck" in der Analyse durch Nebenanalyse. Der darin liegende Widerstand von Beate gegen die Analyse ist bearbeitbar.

Das Anwachsen der Enttäuschungswut über mich wendet sich schließlich gegen ihre eigene Person und macht sich in masochistischer Symptomatik bemerkbar: sie berichtet über Nägelkauen, vor einer Stunde muß sie sich erbrechen.

Schließlich läßt sich der aggressive Widerstand ansprechen, und sie macht sich Luft: Sie ist enttäuscht von mir, sie fühlt sich sitzengelassen und verlassen. Ich hätte mich bisher weder in sie verliebt, noch ihre sadistischen Angebote beantwortet. Vielmehr hat sie mir, wie mir im Nachhinein auffällt, häufiger die Stunden durch Geschichten sadistischen Inhalts gewürzt, in denen sie das masochistische Opfer war. In sublimierter Form hat der Sado-Masochismus also auch in die Analysestunden Einzug gehalten. Die Symptomatik schwindet bei der Bearbeitung ihrer Enttäuschungswut.

Sie erlebt jetzt auch reifere erotische Gefühle zu Männern und bewußter das "Inzesttabu" der analytischen Situation. Sie trägt ihre Täterimpulse schließlich nach außen und "greift sich" einen Mann für eine Nacht. Dies erlebt sie mir gegenüber als Untreue (sie phantasiert bei dem anderen, sie schlafe mit mir) und bearbeitet ihre Abhängigkeitswünsche und Verlustängste mir gegenüber. Seit Behandlungsbeginn hat sie Fortschritte gemacht: Während ein erstes Ansprechen der Lustseite in den Anfängen der Analyse bei ihr noch einen "black out", eine heilsame Verwirrung, ausgelöst hatte, kann sie die Lustseite jetzt sehr viel bewußter erleben.

Es kommt zu anderen Erprobungen der Täterseite in Außenbeziehungen: Auf einen abwertenden Brief von einer Freundin aus einer anderen Stadt ruft sie diese an und bekommt einen aggressiven Affektausbruch am Telefon, "scheißt" die zusammen. Bei einer Diskussion im Kreise ihrer Freundinnen erschreit sie sich in einem aggressiven Durchbruch die dominante Position und erlebt anschließend ein Triumphgefühl.

Schließlich sagt sie : "Ich habe jetzt das Vertrauen, in der Analyse alles anzusprechen. Sie kippen nicht um, so werde ich immer mutiger."

Was habe ich gemacht? Ich halte stand. Ich lasse mich weder auf die Täter- noch die Opferrolle ein und auch nicht in die Rolle des Liebhabers bringen. Ich lasse ihre verschlingenden und verletzenden Phantasien gegen mich anbranden und bearbeite mit ihr, was sie macht, mache den Wunschcharakter klar, lasse sie ihre eigenen Wünsche ausphantasieren und deuten. Darüber hinaus biete ich mich als symbiotisches Objekt an, um ihr Gelegenheit zum Ausgleich eines frühen Mangels zu bieten.

Ihre intensiven Wünsche, mich als Täter oder Opfer zu ge- bzw. mißbrauchen, rufen bei mir in manchen Stunden Müdigkeit hervor. Die Müdigkeit ist wohl Ausdruck meines Ärgers darüber, als sado-masochistisches Objekt herhalten zu müssen.

5.3 Der Kampf mit dem "perversen alten Mann"

Der Traum: "Ich bin zu Hause bei meinen Eltern. Das Wohnzimmer war oben, eigentlich ist es unten, und da war ein Matratzenlager. Es war dunkel, und ich war dabei, mein Bett zu bauen. Es klingelte an der Tür und ich gehe aufmachen. Es stehen Martina (Alkoholikerin) und eine Freundin von ihr vor der Tür. Martina will übernachten. Ja, sage ich. Martina geht ins Bad, um sich zu waschen. Ich baue ihr die Matratze auf. Martina macht viel Lärm, daß ich ihr sage, sie soll leise sein. Da kümmert sie sich aber nicht drum und macht weiter Lärm. Außerdem sagt sie, sie wolle nachts um 12.oo Uhr noch weggehen. Da steht plötzlich der Vater vor mir, fängt an zu schreien und ist sauer wegen des Lärms. Ich sage, er soll sich nicht aufregen. Martina sei da, und die sei ein bißchen laut gewesen. Er sagt, er wolle ihr das selber sagen und stürmt ins Bad. Ich an ihm vorbei ins Bad und nehme Martina in den Arm, um sie zu schützen. Ich sage, Martina ist lesbisch. Der Vater sagt:

'So eine bist du also.' Und dann steht er vor mir und dringt mit einem Eisenhaken auf mich ein. Ich kann ihn abwehren, mich am Haken festhalten und weiche zurück, rückwärts die Treppe herunter und falle dann auf den Rücken hin. Hoffentlich hat Mama nichts mitbekommen. Der Vater kommt nicht hinterher. Da liegt die Mutter unter der Treppe, weiß, abgemagert, und wie tot. Da hebt sie den Kopf und grinst mich wie irre an. Ich sehe ihre blauen Zehen, die sind gräßlich. Ich rase hoch und will Martina bitten, den Notarztwagen zu holen. Da liegt Martina friedlich und schläft. Ich will ihr das zurufen, aber ich bekomme nichts raus. Da merke ich eine Bedrohung von hinten und drehe mich um, und da schlägt mein Vater mich nieder und ich erwache."

Ihre Einfälle: "Mutter hatte vor drei Jahren Brustkrebs und ich hatte Angst, daß sie daran stirbt. Ich war fertig, ich hatte Angst, Mutter zu verlieren, sie sah aus wie eine Krebsleiche". Weitere Einfälle stehen im Zusammenhang mit der lesbischen Freundin und ihrer eigenen lesbischen Beziehung und dem heftigen Streit, den sie mit ihrem Vater hatte.

Einige Gedanken zum Traum: Die negativen Elternbilder zeigen, daß die innere Einstellung zu den Eltern negativ besetzt ist. Ihr eigenes Traum-Ich dagegen hat positive Qualitäten, nämlich Schutz- und Fürsorgefunktionen. Es kommt zum Machtkampf mit dem Vater und der verwahrlosten Seite ihrer Persönlichkeit, die sie ihm gegenüber behauptet (ihr Lotterleben, ihre lesbischen Beziehungen). Die homoerotische Position bietet ihr vermeintlichen Schutz vor dem Vater und vor Verletzungen. Am Traumende nimmt er sie in einem anal-sadistischen Gewaltakt, nachdem sie sich zuvor gegen seine zerstörerischen Impulse zur Wehr gesetzt hat. Es tauchen Sexualsymbole im Traum auf (Haken, Treppe, wieder desexualisierend). Die Sexualität ist zerstört oder zerstörerisch. Wer hat die Mutter so zugerichtet? Der Vater? Oder hat der Krebs die Mutter aufgefressen? Ist das Selbstzerstörerische in ihr? Sie ist das "Leiden Christi", die Inkarnation des Opfers schlechthin.

Beate hat sich immer schützend vor die Mutter gestellt und Wiedergutmachung betrieben, d.h. die Mängel der Mutter ausgeglichen, damit sie eine positive Identifikationsfigur abgibt. Im Traum zeigt sich unverhüllt ihre tödliche Aggression gegen die Mutter bzw. matriarchalische Muttermordphantasien. Sie hat bereits vor dem Traum begonnen, die idealisierte Mutterfigur zu hinterfragen, allerdings unter größten Ängsten, das Mutterbild könne sich als Trugbild erweisen. Sie möchte ihre Enttäuschung an der Mutter noch nicht wahrnehmen. Den Muttermord zu phantasieren, wie hier im Traum, heißt ja nichts Geringeres, als die Vernichtung der lebendigen Mutter Erde unter den eigenen Füßen gedanklich zu proben. Daß dies existentielle Ängste hervorrufen muß, ist zwangsläufig.

Obwohl sie mir mit ihrem Einfall anbietet, auf die Mutter einzugehen, tue ich dies deshalb noch nicht, auch aus der Erfahrung heraus, daß sie Dinge "vorausträumt", die sie dann später erst der bewußten Bearbeitung in der Analyse zuführen kann. Sie ist ja bei der Bearbeitung des Vater-Konfliktes und deshalb zielt meine Intervention darauf, mich als positive Vater-Imago zur Verfügung zu stellen. Das heißt, nicht so zu sein wie ihr Vater im Traum ist, ein "perverser alter Mann" und nicht abzulehnen, was er ablehnt, ihre "Lotterseite". Ich äußere zunächst Verständnis dafür, daß sie bei diesen inneren Bildern Männern gegenüber Mißtrauen und Unverständnis entgegenbringen muß. Und sage dann: "Ich sehe in ihrem Traum auch den Wunsch, ich möge keine Ähnlichkeit mit diesem Vaterbild haben und ganz anders sein." Als ich so interveniere, sagt sie mir, wie gut sie sich verstanden fühle und wie sehr sie das erleichtere.

5.4 Tochter und Mutter

Man könnte meinen, mit der Befreiung vom Vater (s.a. den Abschnitt: "Die Befreiung") sei die analytische Arbeit im wesentlichen getan, wenn da nicht noch die Mutter unter der Treppe wäre. Die Loslösung von dieser ist nicht weniger wichtig, steht aber nicht im Mittelpunkt dieser Darstellung. Deshalb beschränke ich mich im Folgenden auf einige wenige Vignetten aus Analysestunden, in denen Ablösungsschritte von der Mutter vollzogen werden.

Nach Rückkehr aus dem Urlaub überrascht mich Beate mit dem Wunsch nach Reduzierung der Stundenfrequenz von drei auf zwei pro Woche. Ihre Begründung ist, sie brauche die Zeit für sich, sie habe soviel Energie und Kraft für Aktivitäten.

Ich bin erstaunt und auch enttäuscht. Sie weist meinen gedeckten Tisch zurück und ich komme mir wie die verschmähte Mutter vor. Sie stellt zum ersten Mal einen Gegensatz her zwischen ihr und mir und wirft mir dann vor, ich hielte sie fest, als ich nicht gleich ihrem Vorschlag zustimme, sondern den so stehen lasse. Damit hat sie eine Inszenierung vollführt, die mich in die Mutterposition bringt. Die Rollenumkehr ist bei ihr ganz bewußtseinsnah: Vorher hat sie mich gebraucht, jetzt brauche ich sie, offenbar so, wie Mutter sie brauchte. Sie entwickelt dann Trotz und "Bock", um mich zur Entscheidung zu drängen. Ich halte das für einen Widerstand gegen die Bearbeitung der Mutterproblematik und lasse das bis zur kommenden Stunde offen.

Sie erpreßt mich dann mit Symptomatik. Um eine Wendung gegen die eigene Person im masochistischen Sinne (Nägelkauen, Übelkeit) nicht weiter anwachsen zu lassen, entscheide ich, daß der analytische Prozeß nicht verlangsamt werden darf und deshalb drei Stunden pro Woche sein müssen.

Daraufhin geht es ihr wieder gut. Sie wendet sich der Mutterbeziehung zu und entdeckt zwei verinnerlichte Bilder bei sich: die sich aufopfernde, sich selbst erniedrigende und andere zum Opfer machende Mutter - das Leiden Christi. Und die Mutter, die eher Freundin war, die auch sagt, daß sie viel mit ihr geschmust habe und ihr die Brust lange gegeben habe. Das Gegenstück dazu ist die Urgroßmutter mit Witz und Humor, die sie liebt und mit der sie gemeinsam eine Flasche Sekt leert.

Ich selbst bin die gute Mutter, der sie nach einer guten Stunde Dankbarkeit zeigt. Lasse ich das Wort "böse" im Zusammenhang mit ihrer Mutter fallen, so stellt sie sich schützend vor sie, so wie damals, als sie die Phantasie hatte, die Mutter aus der Ehe herausholen zu müssen, um dem Vater auf der Partnerebene zu begegnen. Die Mutterbeziehung hat offenbar auch ein schon reiferes Stadium erreicht.

Die Mutter schenkt ihr gegen Ende der Analyse etwas sehr Kostbares: Einen Ring von ihrem Vater, Beates Großvater, den sie selbst nicht gekannt hatte, weil er im Krieg fiel. Diesen Ring hatte die Mutter zur Konfirmation bekommen. Der war ihr einziges Erinnerungsstück an ihren Vater. Und in diesen Ring hat sie Beates Initialien eingravieren lassen. Auch beklagt sich die Mutter nicht mehr bei ihr. Die Beziehung hat sich gewandelt, ist beiden kostbarer und ein Stück auf eine reifere Ebene gehoben. Bei mir fordert Beate mütterliche Qualitäten ein: Regelmäßigkeit, Verfügbarkeit, und verschmäht mich, wenn ich Abweichungen, z.B. im Stundensetting mache.

Auf dem Weg zur Mutter entdeckt sie ihren alten Rivalen, den Liebling der Mutter, den Bruder. Es ist ihr so, als öffne sie die Tür zu einem seit der Kindheit verschlossenen Zimmer: "Ich stehe da auf der Schwelle und schaue in das Zimmer. Da liegt mein Bruder in seinem Bettchen und schläft. Ich habe ein Gefühl von Eifersucht. Alles dreht sich nur noch um ihn. Ich muß beiseite stehen. Die Prinzessinnenzeit war da zu Ende. Er hat mich entthront. Er war der Junge, den die Mutter wollte."

Jetzt wird zum ersten Mal erlebnisnah, was die Nebelwand ihres Erinnerungsvermögens markiert. Später, als der Bruder etwa vier Jahre alt war, erwürgte sie ihn an Weihnachten fast im Jähzorn.

In der Abgrenzung zum Bruder, der jetzt gerade Vater wird und schon immer, aber damit ganz besonders pointiert, die Elternerwartungen erfüllt, wird sie sich ihres Andersseins, ihres eigenen Weges bezüglich Ehe und Familie und damit ihres Getrenntseins von der Mutter schmerzlich, aber auch erleichtert bewußt. Der Bruder sollte nach ihrem Bilde werden, ein "prickiger Typ". Er wurde aber so wie die Mutter es wollte, und so nahm sie ihr einen zukünftigen Gefährten.

Wie als Antwort und zur Bekräftigung, daß sie die abgelehnte und vernachlässigte Seite der Mutter lebt, entdeckt sie ihre Kreativität, ein schöpferisches Talent, zu zeichnen und zu malen. Und sie holt ihre Kinder hervor, die sie bisher vor mir verborgen hat, nämlich ihre Bilder. Das tut sie gegen erhebliche Widerstände. Seit zwei Generationen wird in der Familie trotz guter Begabungen Malerei als "Firlefanz" abgetan. Sie phantasiert aus, mir ein Bild mitzubringen und wie ich darauf reagiere. Sie kann die idealisierenden und auch die abwertenden Einstellungen der Mutter gegenüber weiter hinterfragen und ein Stück weit Enttäuschung an der Mutter zulassen. Sie ist ärgerlich und traurig zugleich darüber. Nach der Aussöhnung mit dem Vater (s.a. den Abschnitt "Die Befreiung") ist die Mutterproblematik im Sinne einer günstigeren Dreieckskonstellation leichter zu bewältigen.

6   Die opferbereite Tochter

Man kann die opferbereite Tochter auch die Altruistische nennen. Sie ist affektiv in der traurig-depressiven Position. Ihre Liebeswünsche zum Vater finden in ihrer Bereitschaft zur Hingabe an ihn ihren Ausdruck. Sie ist typischerweise nicht die Tochter, die der Vater zu seiner Lieblingstochter macht.

Häufig werden ihre Liebeswünsche vom Vater nicht angenommen, so daß ein früher Triebverzicht resultiert, der die Verwirklichung eigener sexueller Wünsche zeitlebens unmöglich macht. Dann kann es sein, daß der Vater der einzige und einzigartige Mann in ihrem Leben bleibt. In altruistischer Erfüllung ihrer Wünsche lebt sie dann eher eine interessierte Teilnahme am Leben anderer. Indem sie diesen hilft und Förderungen zuteil werden läßt, setzt sie damit die auf diese Weise projektiv und identifikatorisch übertragenen Wünsche durch. Sie versucht, sich die Liebe des Vaters jedoch immer wieder, zum Beispiel auch gegen Geschwisterrivalität, zu erringen. Dennoch treffen ihre Liebeswünsche beim Vater nicht auf die Gegenliebe, die sie erhofft. Alle diese Sehnsüchte und Hoffnungen enden in Verzicht und Versagung und bringen die Tochter in die depressive Position. In dieser befand sich Beate S., als sie in die Behandlung kam (s. a. die Abschnitte "Erste Begegnung" und "Die alltägliche Geschichte der Beate S.").

Vieles hiervon trifft sehr wahrscheinlich auf Anna Freud zu. Sie, die opferbereite Tochter, versucht in ihrer Hingabe an den Vater, Opfer zu bringen und Triebverzicht zu üben, um sich seiner Liebe gefällig zu erweisen. Sie kann ihm gegenüber in viele Rollen schlüpfen, als die Dulderin, die Helferin, die Trösterin oder auch diejenige, die sich als Opfer anbietet oder sich auch zum Opfer machen läßt.

Agamemnon opfert seine Lieblingstochter Iphigenie (Iphigenie in Aulis von Euripides), um politisch zu überleben. Er scheitert daran, daß Liebe und Macht unvereinbar für ihn sind - und nicht nur für ihn. Er opfert seiner Macht die Liebe und findet sein Ende darin, daß die Mutter Iphigenies ihre Macht in der Liebe zu ihrer Tochter sieht. Iphigenie unterwirft sich dem Wunsch des Vaters und stimmt ihrer Opferung zu. Sie identifiziert sich ganz mit den Bedürfnissen und Zielen des Vaters.

Als sie nach ihrer Opferung auf einer fernen Insel wieder zu sich kommt, wählt sie den Weg der Priesterin und verkörpert so die unbefleckte Unschuld, in der sie dem Vater die Treue bewahrt. Eine solche Beziehung zum Vater trägt die Züge von Leiden, Prüfung, Opfer und Pflichterfüllung bis in den Tod.

So hat die gefühlige Besetzung des Vater-Objektes etwas Trauriges, Schweres, Tiefgründiges, Tragisches und Mühseliges. Das Ende aller Sehnsüchte und Hoffnungen auf die Liebe des Vaters führt in die Depression. Häufig bleibt sie beim Vater und pflegt ihn bis zu seinem Tode. Sie ist die Todesgöttin, die ihm nicht etwa wie die Geharnischte (Walküre, Brünhilde) den Tod bringt, sondern seinen Blick eher von der Zeitlichkeit des Daseins milde zu Phantasien eigener Unsterblichkeit ablenkt. Sie ist seine Begleiterin auf dem Weg zum Ende.

Nach dem Vatertod fällt ihr häufig die Aufgabe zu, das Vater-Werk vor dem Tod des Vergessens durch die Zeitgenossen zu bewahren. Sie übernimmt die Vater-Botschaften und sein Lebenswerk als "Vermächtnis" und führt es in seinem Sinne fort, und wenn möglich, darüber hinaus. Sie nimmt es auf sich, aus Niedergeschlagenheit, Ermattung und Zertrümmerung einen neuen Aufbau zu beginnen.

Clara Wieck bewahrte das Werk Robert Schumanns nach dessen unseligem Ende unter Hintanstellung eigener Kompositionen und Karriere vor dem Vergessen. Ihr Vater widerum opferte sein Leben für die Karriere seiner Tochter. Sein bekannter Ausspruch: "Weil ich nur ein Leben zu verschenken habe" (Mascha-Blankenburg 1983) charakterisiert die Situation. Große schöpferische Kräfte liegen in diesen opferbereiten Frauen, für deren Kreativität eine zweite, ihnen innewohnende sehnsüchtige Tochter die unerschöpfliche Energie liefert.

Ihre unterschwellige, aber überwertige Grandiosität und Allmacht und damit ihr narzißtischer Gewinn liegt in dem Anspruch an ihr Opfer. Ihre Opferbereitschaft und ihr Dulden ist die Allmacht, die aus dem Vater "alles macht". Sie wird so etwas wie seine Schicksalsgöttin. Wenn sie nur alles erduldet und auf alles verzichtet für ihn, dann kann er schließlich nur alle seine Liebe ihr geben und sie damit zur allmächtigen Wahrerin und Hüterin seiner Liebe machen. Alles, was geschieht in der Beziehung, geschieht aufopferungsvoll auf ihre Kosten und zu seinem Ruhm, der letztendlich ihr Ruhm ist, da Vater in ihrer Allmacht zu ruhen geruht. Wendet Vater sich eines Tages ab, so ist ihr narzißtischer Trost, daß alles, auch dieses, in ihrer Allmacht geschah. Sie hat ihn werden lassen, was er wurde. Ihr Engagement kann auch die Züge allmachtlichen Erlösens tragen. Dann ist sie die Märtyrerin, die Erlöserin, die den Vater von den Bürden der Last der Sünde, der Kritik, den Angriffen erlöst, wie Prometheus oder Christus die Menschheit.

Wandte der Vater sich von seiner Lieblingstochter ab, so ist die "Prinzessinnenzeit" unvergessen (s. a. den Abschnitt "Traummann und Prinzessin"). Das verlorene Paradies muß dann unbegrenzt betrauert werden. Der Sinn im Un-Sinn der Trauer ist dann, das Geschehene rückgängig zu machen, den Verlust, den Verzicht, den Abschied, das Gefühl des Ausgestoßen- und Abgestücktseins, des Getrenntseins nicht hinnehmen zu müssen. Es muß also alles so bleiben, wie es ist oder rückgängig gemacht werden.

Der Feind dieser Tochter ist die Veränderung, die Beweglichkeit, der Fortschritt, die Entwicklung und die Dynamik. Ihr letztendliches Ziel sind der Stillstand und die Rückkehr, die anschaulich werden in der Verlangsamung aller psychischen Vorgänge in der Depression, bis hin zur stuporösen Erstarrung in der Melancholie. Solche Trauer trägt die Züge des Patriarchalen. In dieser ist sie die Alleinschuldige, die alle Schuld auf sich nimmt. Sie muß auch die kleinste Untreue, den winzigsten Fehltritt auf sich nehmen, muß sich selbst herabsetzen, muß Buße tun, um Erbarmen und Vergebung bitten, muß Zerknirschung und Reue zeigen, Gelöbnisse ablegen und durch Wiedergutmachung Versöhnung herbeiführen. Im psychotischen Schuldwahn werden solche Phantasien zur Realität.

Den Endpunkt dieser Opferbereitschaft bildet letztendlich das Opfer des eigenen Lebens wie bei Iphigenie in Aulis dargestellt oder wie bei vielen Suiziden als Motiv erkennbar ist (Machleidt 1991). Dafür winken ihr die hehrsten Ehren, allerdings wie bei Iphigenie als fiktiver Ausgleich im Jenseits für ihr reales Selbstopfer, das sich, so gesehen, als ein schlimmer Selbstbetrug entpuppt.

Sie kann auch in der Rolle der Kassandra (Christa Wolf) auftreten, die alles Unheil voraussieht und vom Vater abzuwenden versucht. Sie macht sich damit zur allmächtigen Gestalterin des Vater-Schicksals. Ihre Hingabebereitschaft kann beim Mittun des Vaters zu inzestuöser Verschmelzung beider führen. Dafür müssen Vater oder/und Tochter die

Schuld übernehmen. Damit wird die Ur-Sünde sowohl begangen als auch gesühnt.

In archaischer Zeit, als das Inzesttabu noch nicht galt, war es "normal", daß auch ein Vater in den Armen der Tochter den Liebestod (einen Herztod oder Vagustod) starb. Damit wurde durch seinen Tod die Sünde begangen und getilgt. Das Tochter-Opfer läßt sich in Analogie dazu als Schuld und Sühne in einem für die Bemächtigung und Introjektion des Vaters begreifen. Dabei hat der Vater die Tochter und die Tochter den Vater. Beide lassen sich miteinander ein. Sie hängen aneinander in einer "zähen" Treue, haftenden Anhänglichkeit, Beharrlichkeit, Unbeweglichkeit, Bequemlichkeit und Starre. Jede Neuerung ist gefährlich. Ihr Verzicht auf das eigene Leben ist die "wahre Erfüllung", die Selbstaufopferung, der eigentliche Genuß. So ist das Glück immer da, wo sie nicht ist ("Kein Ort, nirgends", Ch. Wolf). Denn "es ist alles eitel". Ihre Lebensphilosophie trägt die Züge einer barocken Jenseitssehnsucht und ist geprägt von Freudlosigkeit und Pessimismus. Schopenhauer sagt: "Das Leben ist wie es ist, ich möchte nur wissen, wer etwas davon hat."

Die opferbereite Tochter ist im Unterschied zur blassen fernen Meerjungfrau, dem rückzugsbereiten Püppchen und der zerstörerischen Amazone diejenige, die Vater unterliegt. Sie ist die Tochter *nach* dem Sündenfall, wie das Püppchen die Tochter *vor* dem Sündenfall ist (s. den gleichnamigen Roman von Henry Miller). Setzt man diese Reihe fort, so ist die Amazone die Tochter *unter* dem Sündenfall und die Meerjungfrau die Tochter *fern* vom Sündenfall. Die Tochter, *frei* vom Sündenfall, ist die Befreite.

6.1 Gestalten der opferbereiten Tochter

Auch die Märchenwelt kennt den Typus der opferbereiten Tochter. Das Märchen von dem Mädchen ohne Hände (Gebrüder Grimm) schildert ihre Geschichte. Die Müllerstochter opfert ihre Hände, um die Seele des Vaters vor dem Zugriff des Teufels zu bewahren. Sie ist zwischen Verantwortungs- und Schuldgefühlen hin- und hergerissen. Nur durch das Opfer des Verzichts auf eigenes Zugreifen und Begehren gelingt ihr die Rettung des Vaters. Wenn sie selbst etwas vom Leben forderte, würde der Vater zum Besessenen. Nur durch tiefe Traurigkeit und Depression kann sich das Mädchen auf seinem Weg fort vom Vaterhaus einen Rest Integrität erhalten.

Eine ähnliche Darstellung findet sich in dem Mondmärchen, zu dessen Zyklus auch das Märchen vom Mädchen ohne Hände gehört. Der Mond lebt als Tochter des himmlischen Vaters in seinem Garten. Durch ein dunkles Schicksal muß der Vater, um nicht der Finsternis preisgegeben zu werden, seine Mondtochter eigenhändig verstümmeln und ihr die leuchtenden Arme mit den Strahlenhänden abschlagen. So verkrüppelt, wandert das Mädchen matter und matter werdend am Himmel dahin, bis es schließlich seinem königlichen Gemahl, der Sonne, begegnet (Drewermann 1988).

Colette Dowling beschreibt in ihrem Buch über den "Cinderella-Komplex" (1986) die opferbereite Tochter als eine Frau, die ihr Leben und ihre Bedürfnisse ihrem Vater oder an seiner statt ihrem Mann und ihrer Familie zuliebe verleugnet, allerdings nicht aus Selbstlosigkeit. Vielmehr steht dahinter der tiefe Wunsch nach Ungetrenntsein und den Schrecken einer Trennung nicht erleben zu müssen und Verantwortung für sich selbst zu übernehmen. Stehen der gewünschten engen Gemeinschaft unüberbrückbare Gegensätze in den Vorstellungen oder Wünschen der Einzelnen im Wege, dann muß diese Tochter ihre eigenen Anteile opfern, um die Verbindung (zum Vater) nicht zu gefährden.

Trotz vieler Verletzungen, die entstehen, wenn sie das eigene Leben einem anderen in die Hände legt, verhindert die Strategie wirksam, jene Verluste und auch Ängste zu erleben, die mit Selbständigkeit und Autonomie einhergehen. Der Machtgewinn der opferbereiten Frau liegt in ihrer Rolle als "zuverlässige Pflegerin"- wie Anna für Freud.

Diese Frauen signalisieren mit ihrem Verhalten immer wieder: "Vertraue auf mich. Verlaß dich auf mich.", und meinen damit eigentlich "Verlaß mich nie". So bietet ihre Unentbehrlichkeit ihnen einen wirksamen Schutz vor dem Verlassen-werden, das für sie den maximal möglichen Verlust und die größte Bedrohung darstellt.

Während Vater und opferbereite Tochter eine enge Verbindung miteinander haben, in der sie sich gegenseitig in ihrem Wert bestätigen und einander das Gefühl geben, etwas Besonderes zu sein, verändert sich die Beziehung zwischen beiden häufig in dem Moment, wo die heranwachsende Tochter aufgrund ihrer zunehmenden Kompetenz in einem oder mehreren Bereichen vom Vater als mögliche Konkurrentin erlebt wird.

Es kann dann geschehen, daß die Tochter von einem Tag auf den anderen die wohlwollende Unterstützung des Vaters verliert. Je mehr Fortschritte sie in intellektueller oder kreativer Hinsicht macht, desto deutlicher zeigt der Vater seinen Unwillen über ihre "Befreiung" von ihm (siehe unten).

6.2 Freud und Anna

"Anna war nicht, wie häufig vermutet wird, die Lieblingstochter von Freud. Lieblingstochter war Sophie ..." "Freuds Verhältnis zu Anna hatte jedoch von Anfang an etwas Anerkennendes, Unbekümmertes und Fröhliches an sich." So schildert ihr Biograph Uwe Henrik Peters das Verhältnis Sigmund Freuds zu seiner jüngsten Tochter Anna.

Anna, auch liebevoll "Annerl" genannt, findet in seinen Briefen über die Kinder häufiger Erwähnung als die anderen Kinder, was jedoch nicht unbedingt als Bevorzugung ausgelegt werden kann. Anna, die Jüngste in der Familie, ist der Spaßvogel, der alle erheitert und sich etwas herausnehmen darf. In Freuds Briefen sind Bemerkungen zu finden wie, sie sei "köstlich frech" und "geradezu schön vor Schlimmheit".

In der Schule wird sie als "Leuchte" geschildert, die eine feste Intimfreundin hat, sich im übrigen fernhält von den anderen Klassenkameraden, beschäftigt mit den Eingebungen ihrer eigenen Phantasiewelt. In seinen Briefen zum 17. Geburtstag seiner Tochter äußert Freud Besorgnis über ihren Gesundheitszustand (1912). Darüber hinaus läßt sich zwischen den Zeilen lesen, daß Anna etwas Gewissenhaftes, Pflichtbewußtes zu eigen ist und sie mehr geistigen Dingen zugewandt ist. Das Geschenk des Vaters an sie sind Bücher. Es folgen in dem Brief Aufforderungen zum Faulenzen und Sich-verwöhnen-Lassen.

Er versucht Anna auf die ungute Aussicht, daß sie an der Hochzeit ihrer älteren Schwester möglicherweise nicht teilnehmen kann, vorzubereiten: "Die Zeremonie kann ganz gut ohne Dich vor sich gehen ...Ich meine, an die schreckliche Aussicht sollst Du Dich jetzt langsam gewöhnen." Sie konnte dann doch im Januar 1913 an der Hochzeit ihrer Schwester Sophie teilnehmen.

Indes war Anna nach der Verheiratung von Sophie die einzige im Hause Freud verbleibende Tochter. Anna hatte einmal in einem Schulaufsatz bei der Beschreibung ihres Zimmers ihre Schwester Sophie, die Lieblingstochter des Vaters, mit der sie das Zimmer teilte, als die "vierte Wand" bezeichnet. Es gehört nicht viel Phantasie dazu, in dieser "vierten Wand" ein unüberwindliches Hindernis zum Vater zu sehen.

Der 57jährige Freud wendet sich nach Sophies Heirat seiner jüngsten Tochter zu. "Mein nächster Verkehr wird meine kleine Tochter sein, die sich jetzt so erfreulich entwickelt" so schreibt er in einem Brief an Ferenczi am 7. Juli 1913. Diese Wahl Freuds bildet einen eigenen biographischen Hintergrund für seinen Aufsatz "Das Motiv der Kästchenwahl" (1913). Es wäre demnach "also die jüngste seiner drei Töchter, Anna, die ihn stumm, aber am meisten liebt, während er sich von den beiden Ältesten irrtümlicherweise am meisten geliebt fühlt" (Peters 1979, S. 39).

In dieser Zeit knüpft sich das Band zwischen Freud und Anna fester, das dann auch lebenslang hält. Die Libido wird von den älteren verheirateten Töchtern abgezogen und der jüngsten zugewandt. So nahm seine jüngste Tochter einen immer wichtigeren Platz in seinem Leben ein und erlangte auch in der psychoanalytischen Bewegung immer größeres Ansehen.

Der Biograph Anna Freuds bezweifelt, ob Freud damals schon die Besonderheiten dieser Vater-Tochter-Beziehung bewußt überblickt hat. Einen "diagnostischen Blick" für seine Tochter attestiert ihm De la Motte-Haber (1983, S. 160). Die "leibhafte Erbin der psychoanalytischen Bewegung" (Politzer, zit. n. Peters 1979) entwickelte über das hinaus "überragende eigenständige Leistungen" (Peters 1979). Anna Freud wird also einerseits als Erbin angesprochen, die das Vater-Werk als Vermächtnis übernimmt und wahrt, andererseits wird ihr eine eigenständige Kreativität und phantasievolle Wissenschaftlichkeit zuerkannt.

Die erstere Seite ihrer Persönlichkeit findet in Freuds Ausspruch eine mythologische Konkretisierung: "Auf meine treue Anna-Antigone gestützt" (Inschrift der Plakette, die Anna Freud im Alter von 79 Jahren anläßlich des 27. Internationalen Psychoanalytischen Kongresses in Wien

1971 überreicht wurde). Die Antigone ist die Idealgestalt selbstloser Hingabe und Liebe zum Vater und den Geschwistern.

In Rivalität mit der älteren Schwester mußte Anna sich "stets erkennbar um die Liebe und Zuneigung des Vaters bemühen". Erst nach Verheiratung der Schwestern nimmt die Hingabe an den Vater konkretere Gestalt an. Diesem beiderseitigen Entgegenkommen sowohl vom Vater wie von der Tochter gehen aber schon konkretere Annäherungen und spezifischere, eben geistige Berührungspunkte in früheren Jahren voraus. Anna nimmt Anteil am psychoanalytischen Gedankengut ihres Vaters. Ihr Biograph: "Schon in der Schulzeit tritt Vater als geistige Gestalt in das *Zentrum* ihres Denkens". Mit 14 Jahren führt sie bei Wanderungen mit ihm am Gardasee "Fachgespräche".

In dem Lied von den beiden Grenadieren, das sie neunjährig mit ihrer Freundin singt und diskutiert, und dessen Text sie noch 70 Jahre später auswendig kann, liegen die beiden Grundmotive vom Opfer für den Vater und der Sehnsucht nach Identifikation mit einer großen Aufgabe und dem Erreichen hoher Ziele, die über einen familiären Rahmen weit hinausgehen. Diese beiden Seiten konkretisieren sich in ihrem Leben in der Rolle, die sie bei der Krebserkrankung ihres Vaters spielt. Sie ist seine ständige Begleiterin, die mit ihm ins Exil nach London geht, in seinem Haus wohnt und dort bis zu seinem und ihrem eigenen Tod bleibt. In der Verteidigung des Vater-Werkes, dessen wissenschaftlicher Fortführung und der praktisch-therapeutischen Anwendung in der eigenen Klinik in London ist ihre Kreativität wirksam.

Ich denke, daß die frühen Sehnsüchte der Kindheit nach der Liebe des Vaters mit dem Triebverzicht ein Ende fanden, und in der sublimierten Form der intellektuellen und kreativen Annahme und Fortführung des Vater-Werkes und in Verlängerung dieses in einer eigenen großen Aufgabe, der Klinik in London, fortlebten.

Andererseits findet die opferbereite Anna-Antigone, die sich in der Hingabe an den Vater und sein Leben im altruistischen Sinne Selbstaufopferung abverlangt, Erfüllung. Diese Dynamik wird auch aus dem "Intimsten", was wir über Anna Freud wissen, nämlich der Krankengeschichte von einer Erzieherin, die zwar nicht als Selbstdarstellung identifizierbar ist, aber auf Anna Freud in allen Teilen anwendbar erscheint (Peters 1979, S. 43 ff.), deutlich.

Selbst in der Freud-Biographie von Max Schur (1972) ist über die persönliche Beziehung zu Freud und Anna nichts zu lesen. Aus der Krankengeschichte der Erzieherin ist das Folgende zu entnehmen: In den Kinderjahren ist die Geschilderte erfüllt von Wünschen nach schönen Kleidern und vielen Kindern. Ihre Phantasie ist fast ausschließlich mit der Erfüllung dieser Wünsche ausgefüllt. Daneben gibt es zahllose andere Wünsche, die sie zu einer Plage ihrer Umgebung mit einem ständigen "Möcht auch!" dringlich und unersättlich artikuliert. Im Gegensatz zu ihrer Kinderzeit entwickelt sie sich zu einer bescheidenen und anspruchslosen Erwachsenen. Ihre Wünsche sind Verdrängungen erlegen und im Bewußtsein durch Reaktionsbildungen ersetzt (Gefallsucht durch Bescheidenheit usw.).

Als Ursache der Verdrängung ist ein Sexualverbot anzunehmen. Diese eigene Sexualablehnung hindert aber nicht daran, das Liebesleben ihrer Freunde und Berufskollegen mit positivem Interesse zu verfolgen. Dem geringen Interesse an eigener anspruchsvoller Kleidung steht die aktive Fürsorge für die Kleidung anderer gegenüber, der eigenen Kinderlosigkeit lebenslange Beschäftigung mit den Kindern anderer. Der eigenen Zurückhaltung bei der Gestaltung einer beruflichen Karriere entspricht auf der anderen Seite das gesteigerte Interesse an der beruflichen Laufbahn männlicher Berufsgenossen. "Statt Aktivität auf die Erreichung eigener Ziele zu verwenden, gibt sie alle Energie in der Teilnahme an dem Schicksal der ihr Nahestehenden aus. Sie lebt mit den anderen Menschen mit, statt selber etwas zu erleben."

Aus der Analyse ihrer frühen Vater- und Mutter-Beziehungen ist dann die Ursache ihres frühen Triebverzichts ersichtlich, der die Durchsetzung eigener Wünsche unmöglich macht. Für die ursprünglichen Triebwünsche finden sich Ersatzpersonen in der Außenwelt, bei denen sich diese projektiv unterbringen lassen: Eitelkeit, Ehrgeiz und libidinöse Wünsche. Sie identifiziert sich mit dem neuen Täter, bei dem ihr Über-Ich die bei sich selbst verbotenen Triebregungen toleriert. Der Triebgenuß ist der Mitgenuß bei der Triebbefriedigung anderer, der ihr unter Aufhebung des Triebverbots durch Projektion und Identifikation möglich wird. Dadurch kann sie die eigenen projizierten Wünsche am fremden Objekt zur Durchsetzung bringen. "Die Abtretung ihrer eigenen Triebregungen an andere Personen hat danach egoistischen Sinn; aber die Bemühung um die Triebbefriedigung dieser anderen ergibt ein Verhalten, das wir altruistisch nennen müssen" (zit. n. Peters 1979, S. 45). In dieser "Selbstschilderung" wird die Dynamik der opferbereiten Tochter subtil dargestellt.

Eins ist sicher, Anna Freud ist keine Brünhilde oder Nora. Die frühen Wünsche ihrer Kinderzeit, ihr Drängen, ihre Unersättlichkeit sind auch Ausdruck ihres Wunsches nach dem Vater. Die Unmöglichkeit, diesen zu erreichen, durch die "Wand", die die ältere Lieblingsschwester Sophie darstellte, mag zum Anlaß stummer Sehnsüchte geworden sein.

Für den "sehnsüchtigen" Triebverzicht wären die relative Ferne zum Vater beim Vergleich mit den anderen beiden Schwestern und daß "Nichts" geschieht, charakteristisch. Weder bei ihrem Biographen, noch bei dem ihres Vaters ist etwas über hetereosexuelle Partnerschaften Anna Freuds zu lesen. Peters (1979) läßt wohl aus Gründen der Pietät ihre homoerotische Partnerschaft mit ihrer Lebensgefährtin Dorothy Burlingham unerwähnt.

Mit Rilke verbindet Anna Freud eine "mittelbare Beziehung über ihre spätere Freundin Lou Andreas-Salome, mit Rilkes Werk ... eine tiefe gefühlsmäßige Beziehung."

So bleibt zeitlebens offenkundig der Vater *der* Mann in ihrem Leben. Man darf wohl davon ausgehen, daß die Liebe des alternden Freud tatsächlich seiner jüngsten Tochter galt und wuchs, nachdem er sich ihr zugewandt hatte. Damit nimmt Vater Freud "ein ewiges Daseinsrecht" (De la Motte-Haber 1983) im Leben der Tochter ein - einen Platz, den sie ihm bereitwillig einräumt. Inwiefern Freud damals klar war, daß er in typisch patriarchalischer Weise die Hingabe der Tochter an ihn annimmt, mag dahingestellt sein. Der Beziehungstyp allerdings lädt beim Vater dazu ein, gottväterliche Allmachtsphantasien zu wecken.

Nun ist die Beziehung zwischen Freud und Anna sicher nicht die alltägliche. Die Tochter lebt ihm aber vor, daß ihr Leben in seiner Existenz und seinem Werk das einzige in ihrem Leben ist, wofür es sich zu leben lohnt. Ihr Selbstverzicht also ist die eigentliche Erfüllung. Die letztendliche Konsequenz daraus könnte sein, daß die Tochter beim Tode des Vaters auch ihrem Leben ein Ende setzt und sich dergestalt mit ihm im Tode vereinigt.

In der Tat fand ich bei Max Schur (1972, S. 499) zu meiner Überraschung die folgende Mitteilung. Nach der Nazi-Invasion in Österreich hätten die Dinge schlimm und völlig aussichtslos gestanden. "Anna asked

Freud: 'Would´nt it be better if we all killed ourselves?' To which Freud replied with his characteristic mixture of irony and indignation: 'Why? Because they would like us to?' Such was his fortitude and defiance." Kurz darauf vollendete Freud sein 82. Lebensjahr.

Generell muß die Hingabe der nicht an einen anderen Mann gebundenen jungfräulichen Tochter dem Vater Rivalitätskonflikte ersparen und bei ihm Unsterblichkeitsphantasien wecken. Der Vater ist in dieser Rolle ganz offenkundig nicht der Entsagende und der zum Sterben Bereite. Vielmehr ist die Tochter diejenige, die dem Vater die Einsicht in die Endlichkeit seines eigenen Lebens erspart. Allem Anschein nach sah Freud aber in Anna seine Todesgöttin, als die man sie - wie mir scheint - nur unter Umkehrung der Beziehungsdynamik sehen kann. Der narzißtische Gewinn der Tochter liegt ja gerade darin, daß alles das, was der Vater (noch) kann, durch ihr Opfer erst möglich wurde. Die aufopferungsvolle Pflichterfüllung ist so gesehen Ausdruck ihrer Allmachtsphantasien gegenüber dem Vater. Es gibt also so etwas wie ein narzißtisches Gleichgewicht, in dem Vater und Tochter eine Balance finden.

Die hohen akademischen Ehrungen, die Anna Freud im Laufe ihres Lebens zuteil wurden, und ihre eigene fruchtbare wissenschaftliche Arbeit vergegenwärtigen auf außergewöhnliche Weise die schöpferischen Kräfte dieser opferbereiten Tochter, welche Teil einer reifen narzißtischen Balance zwischen Tochter und Vater sind.

7   Die befreite Tochter

Die manische Tochter ist die scheinbar befreite Tochter. Die Manie dient zum Überspringen aller Widerstände. Die tatsächliche Befreiung auch von der Manie steht dieser Tochter noch bevor. Ihr hedonisches Hochgefühl entspricht nicht den Realitäten ihrer Lebenswirklichkeit, es ist vielmehr eine Flucht in eine euphorische Scheinwelt. Ein solches überschwengliches Befreiungsgefühl hat auch Abwehrcharakter. Die Abwehr ist dann paradoxerweise die absolute Widerstandslosigkeit (Lewin 1982). Es ist denkbar, daß die aller Widerstände Männern gegenüber verlustig gegangene Tochter dann zur nymphomanischen Tochter, zur Allverführerin wird. Das männliche Pendant ist der Casanova, der Don Juan, der "Maniac" oder der Frauenheld. Bei Goethe im Faust heißt es: "So taumel ich von Begierde zum Genuß und im Genuß verschmacht ich nach Begierde". Dieser Satz trifft die Affektlage solcher Väter und Töchter ganz gut. Der oder die Sehnsüchtige ist zum/r Süchtigen geworden, und der Genuß - das befreiende Gefühl - vermag nicht mehr zu befreien und zu erfüllen.

Die wirklich befreite Tochter dagegen hat ihre Entwicklung mit der Ablösung vom Vater vollendet. Der Verzicht ist Ausdruck ihres Reifungsschrittes. Sie hat sich gelöst auch von dem Wunsch, von dem Freud annahm, in diesem gipfele ihr Ödipuskomplex, nämlich dem Vater ein Kind zu gebären. Damit ist sie *frei* vom Sündenfall. Sie sucht sich jetzt andere Partner, bei denen sie Erfüllung findet. "Ich mag Männer, ich könnte mir ein Leben ohne Männer nicht vorstellen", ist ein Satz, der von einer befreiten Tochter stammt (v. Plotho 1985). "Rückblickend habe ich den Eindruck, daß ich durch meine enge und gute ödipale Beziehung zu meinem Vater und deren Ablösung, ein Urvertrauen zu Männern konstellieren konnte, durch das ich die Chance habe, zum großen Teil recht befriedigende Beziehungen zu ihnen zu erleben."

Wie sich die Befreiung der Tochter vollziehen kann, wenn der Ablösungskonflikt in seinem Kern zur Bearbeitung kommt, möchte ich zum Abschluß an einigen "Befreiungsszenen" darstellen.

7.1 Die Befreiung

Beate erlebt sich schamhaft im Besitz einer eigenen Sexualität. Nachdem ein Stück Distanzierung vom Vater möglich war, entdeckt sie jetzt neben dem "perversen alten Mann" den frühen geliebten Vater, den "Jüngling".

Stundenausschnitte (I)

B.: "W. sagte, ich sei erotisch sehr anziehend für ihn. Das haute mich vom Hocker. Ich selbst empfinde mich nicht so. Ich kriege mehr und mehr das Gefühl, als wenn ich ein schiefes Verhältnis zur Sexualität habe. Ich bin noch ein kleines Mädchen, das nach Wärme und Geborgenheit sucht und noch nicht Frau. Und Sexualität nützt dazu, einen Mann zu halten, weil es dazugehört. Ich selber kann soviel damit nicht anfangen. Warum ist das so? Es tut weh, das zu sehen. Ich fühle mich mit diesem Gedanken sehr unfähig. Ich bin ja nicht mehr 15. Es macht mich traurig".
Th.: "Sie haben gut beschrieben, wie Sie sich fühlen. Daß da das kleine Mädchen ist, die Beate, die Geborgenheit möchte.
B.: "Wo ist die Frau, was war das mit den Beziehungen zu Männern? Meine Sexualität kommt mir nicht so echt vor. Ich benutze Sexualität, damit der Mann bei mir bleibt. Dann bin ich nicht alleine. Ich kann nicht so richtig aus mir heraus, nur ansatzweise. Wenn ich sexuelle Gefühle habe, schäme ich mich. Ich kann meinen Körper nicht abstellen und erschrecke dann."
Th.: "Irgendwo muß ja früher die kleine Beate etwas nicht bekommen haben, sonst wäre der große Wunsch nach Geborgenheit nicht so wach in Ihnen. Sie sind jetzt eher bereit, der kleinen Beate Gehör zu schenken."
B.: "Ich habe die vorher nicht so wahrgenommen. Das beschämt mich. Ich wollte immer groß sein, um beachtet und ernstgenommen zu werden."
Th.: "Wie fühlen sie sich, wenn ich die kleine Beate anspreche?"

B.: "Sehr klein und sehr schutzbedürftig und auch traurig. Ich will das nicht so annehmen. Es ist sehr anstrengend für mich, so darüber nachzudenken. Es ist gut, einen Teil von mir wiederzuentdecken, aber etwas in mir wehrt sich dagegen. Ich frage mich, ob die Männer, mit denen ich zusammen war, ob das nur die Suche nach Vater war oder nach Mutter?"

Th.: "Und wenn es so gewesen wäre? Sie haben es ja vielleicht auch nicht so leicht gehabt, sich zwischen Vater und Mutter zu behaupten."

B.: "So die ersten drei Jahre, bevor mein Bruder Kai geboren wurde. Mein Gefühl paßt dazu ... der Mangel, den ich empfinde, ausgeschlossen zu sein von dem Leben, das mich umgibt, ausgelacht zu werden. Ich kann mich an nichts konkret erinnern. Ich kann nichts belegen. Ich bekomme den Eltern gegenüber ein schlechtes Gewissen. Ich hänge denen etwas an, was nicht stimmt. Aber die Trennung von zu Hause hat noch nicht stattgefunden."

Th.: "Ich versuche, Sie mir gerade als kleines Mädchen vorzustellen. Da ist der große Vater, den Sie für sich haben möchten. Da ist es dann nur zu verständlich, daß da die Unsicherheit aufkommt, ob Sie genügen können."

B.: "Er wollte immer mehr. Ich kam mir ungenügend vor. Ich sollte immer anders sein, als ich war."

Th.: "Wie so eine Verheißung: Wenn Du mal so bist, wie ich Dich haben will, dann kommt das Paradies ..."

B.: "Wenn ich dann aus Verzweiflung weinte, sagte er: 'Du sollst es besser haben'. Das war eine Ausrede .... Ich konnte nicht anders. Wenn immer nur Druck kommt, dann macht das mutlos. Ich habe dann später bei aussichtslosen Sachen schnell aufgegeben...."

Th.: "Irgendwie haben Sie nicht mehr darauf warten wollen, daß er seine Versprechungen erfüllt: 'Wenn Du so bist, wie ich Dich haben will, dann bekommst Du meine ganze Zuwendung.'"

B.: "Ja, aber draußen hat er so furchtbar mit seinen Kindern geprahlt, das war schon peinlich."

Th.: "Also, vor Dritten war plötzlich das da, was Sie sich direkt von ihm wünschten. Peinlich, heißt das ein Stück Intimität war verletzt?"

B.: "Ja, sehr sogar."

Th.: "Und das haben Sie ihm übelgenommen? Er machte öffentlich, was Sie sich als Zweisamkeit wünschten?"

B.: "Das gab es ja nicht, was ich mir als Zweisamkeit wünschte. Liebe schlug in Haß um. Meine Empfindungen sind ganz negativ. Ich lasse kein gutes Haar an ihm. Jetzt, wo er älter ist, möchte ich ihn richtig quälen und ihm das heimzahlen. Als Kind wollte ich ihn umbringen."

Th.: "Das ist für so ein kleines Mädchen ja auch ganz schwer, mit der Wut fertig zu werden und aus der Situation herauszukommen."

Stundenausschnitte (II)

B.: "Gestern ist ja das kleine Mädchen an die Oberfläche gekommen. Das ist sehr komisch für mich. Ich kann das noch nicht so gut zulassen. Es tauchen unbestimmte Ängste auf. Komisch, einmal Frau, einmal Kind zu sein. Im Nachhinein habe ich mich sehr schwach gefühlt und gedacht, daß ich Ihnen das Kind eigentlich gar nicht zeigen will, kann und mag. Manchmal sind Sie für mich Mann und manchmal Vaterfigur. Das ist so ein Hin- und Hergerissensein, ein innerer Kampf, und ich wehre mich dagegen, wieder so klein zu sein. Aber ich denke auch, vielleicht geht das eine nicht ohne das andere."

Th.: "Ja, es gehört eben beides zu Ihnen. Daß Sie Ängste beim Kleinsein erleben, verstehe ich. Welche Ängste hat denn das kleine Mädchen mir gegenüber?"

B.: "Es ist schwer, die Ängste hochkommen zu lassen. Ich habe Angst, als Frau oder Kind von Ihnen als Mann nicht für voll genommen zu werden. Es hat auch etwas mit Sexualität zu tun. Aber da merke ich eine starke Barriere ... Mädchen oder Frau trennen, kann man das überhaupt? Ich fühle mich gespalten. Das paßt doch nicht zusammen."

Th.: "Ich glaube, daß beides zusammenspielt. Da liegt der Wunsch der kleinen Beate drin nach Geborgenheit, Nähe und Sicherheit und der Wunsch, die Liebe des Vaters zu gewinnen."

B.: "Da ist das Gefühl, etwas Verbotenes zu denken."

Th.: "Da muß etwas Geheimnisvolles bleiben, scheint mir, wie damals bei Ihrer Phantasie von der Prinzessin."

B.: "Das zieht sich bis zu meiner Beziehung zu Thomas hin, daß ich die einzig Auserwählte bin. Thomas nannte mich immer Prinzessin. Ich hatte Träume von Thomas. Vielleicht wäre ich gerne als Mädchen die Frau von Vater gewesen. Ich habe das Gefühl, es darf nicht sein und dann, daß ich den Anforderungen nicht gerecht werden würde. Jetzt ist mir klar, wieso ich soviel Angst vor Männern habe, vor deren Sexualität, und daß das unnahbare und unheimliche Wesen sind. Ich versuche reinzukriechen, um Sicherheit zu haben, aber das klappte nie. Je mehr ich versuchte reinzukriechen, um so mehr verliere ich mich völlig. Ich werde immer mutloser. Es ist das Gegenteil von dem, was ich eigentlich will. Ich klammere mich an und fühle Eifersucht."

Th.: "Der Vater hat Ihnen offenbar an Sicherheit nicht geben können, was Sie dringend gebraucht hätten, und er hat in Ihnen die Verheißung wachgehalten, daß Sie dereinst seine Liebe gewinnen würden. In ihn hineinkriechen heißt auch, daß Sie bis zur Aufgabe Ihrer eigenen Identität gegangen sind, um die Liebe und Zuwendung doch noch zu gewinnen."

B.: "Ich habe mich gefragt, woher ich die Kraft genommen habe, um es immer wieder und wieder bis zum Exzeß zu versuchen, am extremsten dann bei Thomas."

Th.: "Ich verstehe jetzt besser, daß es für Sie ein ungeheures Wagnis sein muß, sich einem Mann zu nähern, wenn es um den Preis geht, das eigene Selbst zu verlieren."

B.: "Jetzt will ich die Selbstaufgabe nicht mehr."

Stundenausschnitte (III)

Der Anfang der Stunde:

B.: "Nach der letzten Stunde schoß mir, als ich das Haus verließ, der Satz durch den Kopf: Der Märchenprinz ist mein Vater! Das ist mir im Moment ganz komisch. Ich konnte nicht über zu Hause nachdenken. Im Moment ist das ein einziger Krampf. Ich konnte nichts ins Tagebuch schreiben. Der Gedanke ist schwer nachempfindbar. Der Märchenprinz ist das, was die kleine Beate suchte. Da mir die kleine Beate fremd ist und ich selbst die große Beate bin, ist mir das Gefühl sehr unangenehm. Heute würde ich Vater nie dafür halten."

Th.: "Wie geht es Ihnen dabei, wenn Sie mir diesen Gedanken sagen? Es ist gut, daß Sie das konnten."

B.: "Mir wurde heiß bei dem Gedanken, ich schäme mich dabei und fühle mich etwas lächerlich."

Th.: "So, als würde ich diesen Gedanken nicht annehmen?"

B.: "Die Angst davor ist da, ja. Es hat Überwindung gekostet. Es scheint mir selber fremd. Es war, als ich hier das Haus verließ, der erste Satz, der mir durch den Kopf ging. Das war auch befreiend."

Th.: "Der Gedanke stammt ja aus früher Zeit und ist Ihnen vielleicht deshalb so fremd. Da sind ja auch Tabus zwischen Vater und Tochter, das mag auch dazu führen, daß der Gedanke so fern ist."

B.: "Ich weiß gar nicht, wie ich damit umgehen soll."

Th.: "Nun, der Vater ist ja der erste Mann im Leben eines kleinen Mädchens. Da ist ja naher körperlicher Kontakt, Schmusen und In- den-Arm-Nehmen doch ganz ungehemmt, wie das ja ganz alltäglich ist in den ersten Lebensjahren."

B.: "Vater ist jetzt häßlich und abstoßend."

Th.: "Damals war Vater jünger, erst 24 Jahre."

B.: "Ja, er ist mein latentes Schönheitsideal, mit braunem Haar. Er sah gut aus, klein und zart."

Im Anschluß an dieses Stück Arbeit, das einen wichtigen Schritt zur Auflösung der Bindung an den Vater bildet, verfällt sie in Verzichtsphantasien und Trauerarbeit. Als sie kurz darauf die Eltern zuhause besucht, erlebt sie dem Vater gegenüber erstmalig bessere Gefühle. Sie hat sich von der Fixierung auf ihn gelöst und tritt damit in ein reiferes Entwicklungsstadium ein. Kurz darauf geht sie eine dauerhafte und erstmals sexuelle Erfüllung bietende Beziehung mit einem gleichaltrigen Mann ein.

Ich spüre den Verlust. Ich merke, wie ich mich als der "Sitzengelassene" fühle, und die Ströme ihrer Libido von mir weg zu ihrem Partner fließen. "Es hat schon etwas Besonderes, Lieblingstöchter großzuziehen", sage ich mir. Ich kann mich aber auch über ihren Schritt freuen und sie ermutigen. Ihre Partnerbeziehung verändert ganz deutlich die therapeutische Beziehung. Auch sie nimmt dies bewußt wahr: "Ich bin nicht mehr allzusehr fixiert auf Sie."

Und auf meine Frage nach den Veränderungen: "Hier kann ich über alles reden, und mit Jürgen kann ich eben alles leben, das geht hier nicht. Insofern verändert sich schon etwas." Phantasien von Untreue und Abschied lassen mich das Analyseende vorausahnen.

Ein vierwöchiger Urlaub mit dem Freund vertieft ihre Beziehung. Sie möchte jetzt auch Dinge für sich behalten dürfen. Sie erlebt das sonst als Verrat an ihrem Partner. Sie läßt Stunden ausfallen und sagt: "Ich habe mich selten besser gefühlt in meinem Leben."

Bei einem erneuten Besuch zu Hause läßt sich eine neue Beziehung zum Vater knüpfen, erfreulich entspannt und in gegenseitiger Anerkennung. Der Vater akzeptiert ihren Partner und zeigt ihm stolz seine Haustiere.

Sie wird weitere Befreiungsschritte machen, wie bisher, schneller als erwartet. Am Anfang der Analyse hatte ich den Eindruck, zur Sättigung ihres Riesenhungers sei keine Behandlungsdauer jemals lang genug. Jetzt ist der Abschied greifbar nahe und traurige Gefühle stellen sich ein. Wird die geheilte Tochter, so frage ich mich, noch die Züge der Sehnsüchtigen in Nuancen erkennen lassen? Meine Phantasie, daß sie mich früh verlassen wird, hat nicht getrogen. Sie läßt sich als meine emotionale Antwort auf ihre (Rest-)Sehnsucht verstehen, die all das noch ersehnt, was ich ihr nicht habe geben können - und nicht werde geben können. Allerdings ist dies eine Sehnsucht, die schon durch die Fähigkeit zum Verzicht gereift ist und die tatsächliche Erfüllung kennt. Meine Freude über ihre Selbständigkeit und das Erreichte begleiten sie. Der "Vater"-Therapeut hat sich durch das Schreiben selbst die Ablösung erleichtert.

8 Glossar

anale Stufe:

Nach Freud ist die anale die zweite Stufe der libidinösen (sexuellen und Beziehungs-) Entwicklung. Etwa zwischen dem 2. und dem 4. Lebensjahr lernt das Kind im Rahmen der Sauberkeitserziehung, seinen Stuhl zurückzuhalten und empfindet Freude bei dem bewußten Entleerungsvorgang, der in der Erziehung jedoch oft überbewertet wird. In diesem Alter geht es auch um den Erwerb eines ersten Stückes Selbstständigkeit und Körperbeherrschung, (Gehen, Sprechen) und damit um eine Polarität zwischen Selbst- und Fremdbestimmung, Ordnung und Schmutz. Freud beschreibt 1908 (in: Charakter und Analerotik) auch in dieser Phase einsetzende Entwicklung bestimmter später bleibender Charaktereigenschaften (v.a. Ordnung, Sauberkeit, Sparsamkeit), die sich im Krankhaften bis zur Zwanghaftigkeit (Anankasmus) steigern können.

androgyn:

Vereinigung von Anteilen des männlichen und weiblichen Geschlechtes; Zwittrigkeit oder scheinbare Zwittrigkeit.

archaisch:

Ursprüngliche "primitive" Denk- und Erlebnisweise, wie man sie bei Kleinkindern und Naturvölkern findet. Archetypen dagegen sind Gedankenbilder, die nach C.G. Jung Beziehungen zu den Erfahrungen unserer Vorfahren herstellen und aus dem Unterbewußtsein jedes Einzelnen heraus Träume, Gedanken und Handlungen beeinflussen. Diese Archetypen sind bei den meisten Menschen ähnlich (kollektives Unterbewußtsein) und haben oft Bezug zu Märchen, Mythen und Symbolen, da es sich in der Regel nicht um klare und fest umrissene Vorstellungen handelt.

Dyade:

Enge Zweierbeziehung innerhalb einer Familie. Bezieht sich hier v.a. auf die Vater- Tochter- Beziehung.

Gegenübertragung:

Dies sind alle unbewußten Reaktionen des Psychoanalytikers auf Person, Verhalten oder Äußerungen des Patienten, insbesondere auch auf dessen **Übertragung** (siehe dort). Nach Freud (1910, in: Die zukünftigen Chancen der psychoanalytischen Therapie) kommt jeder Psychoanalatiker nur so weit, wie seine eigenen inneren Widerstände es gestatten. In der Analyse ergibt sich die Möglichkeit, diese Reaktionen entweder so gering wie möglich zu halten oder aber als Analysegegenstand mit einzubeziehen, insofern sie dem Analytiker selbst bekannt sind. Aus diesen Gründen ist auch eine Lehranalyse des Psychoanalytikers selbst notwendig.

genitale Stufe:

Sie bildet den Abschluß der reifen sexuellen Entwicklung, auf der die Triebregungen durch normale sexuelle Beziehungen befriedigt werden. Das setzt voraus, daß die vorhergehenden Stufen (orale, anale Stufe) und der Ödipuskomplex (siehe dort) überwunden werden, sonst bleiben unter Umständen Beziehungsstörungen der unterschiedlichsten Form zurück. Die genitale Befriedigung kann, muß aber nicht mit Liebe verbunden sein.

hysterisch, Hysterie:

Bezeichnet zunächst eine Charaktereigenschaft, die sich in erhöhtem Drang zur Dramatisierung, Suggestibilität, Ich- Bezogenheit, Pseudosexualisierung und intensiver Phantasietätigkeit äußern kann. Dabei ist es dem Hysteriker oft ein Bedürfnis, im Mittelpunkt zu stehen und durch die Dramatisierung von seiner im Grunde genommen oft mangelhaften Erlebnisfähigkeit abzulenken. Als psychische Erkrankung finden sich verschiedenartige Reaktionen (z.B. hysterische Blindheit, psychogene Dämmerzustände), die insgesamt ein buntes Bild bieten können.

Ich- strukturelles Defizit:

Hierbei handelt es sich um Persönlichkeitsstörungen, die meist durch eine anhaltende Mutter- Kind- Symbiose entstehen. Während eine sehr enge (symbiotische) Mutter- Kind- Beziehung während der oralen Phase des Kindes (siehe dort) normal ist, kann das Kind im weiteren Verlauf der Entwicklung die ersten Trennungen von der Mutter (Kindergarten etc.) nicht ertragen. Die Außenwelt wird von dem Kind dann als bedrohlich erlebt. Solche frühkindlichen Störungen können im späteren Leben als schwere Neurose oder Psychose in Erscheinung treten.

Identifikation, Identifizierung:

Ein Subjekt nimmt dabei eine Eigenschaft eines anderen so in sich auf, daß es sich ganz oder teilweise nach dem Vorbild umwandelt oder sich zumindest als umgewandelt erlebt. Der Begriff deckt sich teilweise mit Imitation, Einfühlung etc. Die Identifizierung des Kindes mit bestimmten Ideen (z. B. kindlicher Narzißmus, Ödipuskomplex) gehören zur Entwicklung, durch die sich das Ich konstituiert. In der ursprünglichen, sehr engen Beziehung des Kindes zu einem Objekt (z.B. der Mutter) kommt es zu vielfältigen Identifizierungen mit diesem.

Initialtraum:

Der erste Traum, der im Verlauf einer psychoanalytischen Behandlung vom Analysanden geträumt wird. Dessen Bildern kommt oft eine besonders wichtige Schlüsselfunktion zu.

Intention, intentional:

"Intentionale Gefühle können als Hungergefühle im weitesten Sinne verstanden werden, die als Initialgefühle am Anfang aller kognitiven und motorischen Abläufe stehen." (Machleidt et al. 1989). Intention ist damit eine der bedeutendsten motivierenden Strukturen in der Entwicklung des Menschen, die bewußt oder auch unbewußt auftreten kann.

Introjektion:

Verinnerlichungsvorgang, bei dem das Subjekt in der Phantasie Objekte und Objektqualitäten, z.B. des Vaters, von "außen" nach "innen" gelangen läßt. Mit "innen" ist dabei die eigene Vorstellungswelt gemeint. Beispielsweise kann das Bild eines geliebten oder gehaßten Menschen in die eigene Ich-Vorstellung übernommen werden und dort unter Umständen auch intrapsychische Konflikte auslösen. Freud stellt den Introjektionsbegriff dem der Projektion (s. dort) gegenüber. Er ist außerdem eng mit dem der Identifizierung (s. dort) verbunden.

Libido, libidinös:

Mit Libido wird die Gesamtheit der sexuellen Triebenergie, der sexuellen Appetenz bezeichnet. Der veränderte Energiefluß führt zu Wandlungen des Sexualtriebes hinsichtlich seiner Objekte, seiner Ziele (Sublimierungen) und der Quelle der sexuellen Erregung (erogene Zonen).

Kannibalismus, oraler:

In der Psychoanalyse gilt der Kannibalismus als eine besonders getönte Beziehung zu Objekten. Die Kannibalen nahmen an, daß sich positive Eigenschaften von Objekten durch deren Verzehr auf sie übertragen (Verzehr von tapferen Feinden etc.). In der Psychoanalyse ist der orale Kannibalismus eine Eigenart der oralen Pase des Kindes, in welcher die Eigenschaften der Mutter einverleibt werden sollen ("jemanden zum Fressen gern haben"). Als Kannibalismus kann dies jedoch auch zerstörerisch wirken bzw. im Sinne einer pathologischen Zurückentwicklung (Regression), z.B. bei der Schizophrenie, später wieder in Erscheinung treten.

manisch, maniform, Manie:

Als Manie wurde noch bis ins letzte Jahrhundert eine "allgemeine Form des Wahnsinns" bezeichnet. Es handelt sich dabei um eine heitere Form der Verstimmtheit mit Gehobenheit aller Lebensgefühle, strahlendem Optimismus, Antriebsüberschuß mit aggressiver Komponente, übersteigertem Selbstwertgefühl,

Enthemmung u.a. bis hin zur Geschäftsunfähigkeit. Dabei tritt ein Krankheitsgefühl nicht auf; ein Rückgang der Symptomatik erfolgt oft spontan. Die Manie wird heute meist im Zusammenhang mit der manischen Depression beschrieben, wobei sich hier in der Regel manische (meist kürzere) und depressive (meist längere) Phasen abwechseln.

narzißtisch, Narzißmus:

Der Begriff des Narzißmus stammt von der mythologischen Gestalt des Narziß, der sich in sein eigenes Spiegelbild verliebte. Nach Freud ist der sog. "primäre Narzißmus" ein normales Durchgangsstadium in der sexuellen Entwicklung, wobei noch kein Unterschied zwischen Ich und anderen Objekten gemacht wird und dadurch alle Liebe (und Libido, siehe dort) dem Ich zugewandt wird. Der sekundäre Narzißmus ist pathologisch und bedeutet, daß den Objekten im Erwachsenenalter die Liebe wieder entzogen und erneut dem eigenen Ich zugeführt wird, was einer Rückwendung in die Kindheit gleichkommt. Unter Umständen werden auch in sexuellen Beziehungen jugendliche Gestalten aufgesucht, die dem eigenen (vergangenen) Bild entsprechen und die der Narziß so lieben will, wie die eigene Mutter ihn geliebt hat (Freud 1905, in: Drei Anhandlungen zur Sexualtheorie).

Neurose:

Der Begriff der Neurose wurde erstmals von W. Cullen 1777 für Erkrankungen des Nervensystems ohne erkennbare Ursache gebraucht. Nach Freud ist eine Neurose eine psychisch bedingte Gesundheitsstörung, wobei die (oft auch körperlich erlebten) Symptome Symbol für einen psychischen Konfliktausdruck sind (z.B. Herzschmerzen und Todesangst bei Herzneurose). Der Konflikt ist meist in der Kindheit aus einem Kompromiß zwischen Triebwünschen (z. B. Selbstbehauptung, Trotz) und einer die Erfüllung verhindernden Abwehr (z.B. Schuldgefühle) entstanden. Einige spezifische Symptome sind Phobien (z.B. Angst vor Spinnen), Selbstunsicherheit, depressive Verstimmungen, Arbeitsstörungen oder psychosomatische Körpersymptome. Einige Erscheinungsformen sind z.B. die Angstneurose (anfallsartiges Auftreten von Symptomen vorwiegend bei Verlassenheit, Hilflosigkeit), Aktualneurose (entsteht nicht aus einem kindlichen, sondern eher aus einem aktuellen inneren Konflikt), Charakterneurose (einzelne Charakterzüge werden als Reaktion auf verdrängte kindliche Konfliktsituationen ausgebildet, in Belastungssituationen kommt es zu Symptomen.

Objektkonstanz

Mit der Entwicklung des Denkens, Wahrnehmens und Fühlens ist das Kind zunehmendin der Lage, eine Bezugsperson -das Objekt- auch dann als "da" und Sicherheit vermittelnd zu erleben, wenn sie aus der momentanen Wahrnehmung verschwindet. Das Objekt hat durch diese Fähigkeit einen festen Platz im Bewußtsein des Kindes. Das gilt auch für das Erleben des eigenen Ich. Objektkonstanz ist die Grundlage unseres normalen Erlebens.

ödipal, ödipalisieren, Ödipuskomplex:

Als Ödipuskomplex wird die "organisierte Gesamtheit von Liebes- und feindseligen Gefühlen, die das Kind seinen Eltern gegenüber empfindet" (Laplanche und Pontalis 1986) bezeichnet. Der Begriff stammt aus der antiken Ödipus-Sage und charakterisiert damit die Liebes- und Inzestwünsche des Kindes gegenüber dem gleichgeschlechtlichen sowie Haß und Rivalität gegenüber dem gegengeschlechtlichen Elternteil (positive Form). In der negativen Form kommt es zu einer umgekehrten Polarisierung der Gefühle gegenüber den Elternteilen. Häufig ist jedoch auch eine Vermischung beider Formen im vollständigen Ödipuskomplex. Der Ödipuskomplex wird auf seinem Höhepunkt zwischen 3. und 5. Lebensjahr (phallische Phase) erlebt und verschwindet dann mit Beginn der sog. Latenzphase, um in der Pubertät noch einmal aufzuleben und dann in verschiedener Weise überwunden zu werden. Dabei kommt es zu einer Identifikation mit dem gleichgeschlechtlichen Elternteil und zur Verdrängung der mit dem Ödipuskomplex verbundenen Ängste. Ist diese Bewältigung nicht ausreichend, können Neurosen entstehen. Die Psychoanalyse macht den Ödipuskomplex zu einer Hauptbezugsachse der Psychopathologie, indem sie für jeden pathologischen Typus die Position im ödipalen Dreieck und die Lösungsansätze des Konfliktes zu beurteilen versucht.

Oknophiler:

Ein Oknophiler ist ein von M. Balint beschriebener Persönlichkeitstyp, der, aus Angst, verlassen zu werden, den Partner mit Liebe erdrückt und sich ohne den Partner verloren und unsicher fühlt. Kommt es tatsächlich zu einer Trennung (oft gerade durch dieses Verhalten), entsteht eine tiefe Verzweiflung. Auf die Suche nach Schutz und Abhängigkeit und die Vermeidung von schmerzhaften Trennungen wird daher ein großer Teil der Lebensstrategie und -energie verwandt. (vgl. Philobaten).

orale Stufe:

Die orale Stufe ist die erste Stufe der kindlichen (Trieb-) Entwicklung, die sich im ersten Lebensjahr abspielt. Die sexuelle Lust ist überwiegend an die Nahrungsaufnahme durch den Mund gebunden und ist durch ein Inbesitznehmen der Mutter gekennzeichnet. Wird diese Phase nicht völlig überwunden, können Verhaltensweisen wie Daumenlutschen oder eine anderweitige, auch sexuell betonte Überbewertung des Mundbereiches bestehen bleiben. Siehe auch unter oraler Kannibalismus.

phallisch, phallische Stufe, Phallus:

Die phallische Phase ist die Zeit vom etwa 3. bis 5. Lebensjahr, in der sich in der Geschlechtsentwicklung das Kind seines Geschlechtes und der damit verbundenen Organe bewußt wird (Knabe: Phallus, Mädchen: kastriert) und sich damit durch Vergleich mit den Eltern der Ödipuskomplex entwickelt (siehe dort).

Philobat:

Persönlichkeitsbegriff, der von M. Balint entwickelt wurde und eine Vorliebe für Weite in der Umgebung (Meer etc.) und Distanz in Beziehungen kennzeichnet. Intensive menschliche Beziehungen und Abhängigkeiten werden nach Möglichkeit vermieden. Er entsteht durch Ängste aufgrund von frühkindlichen Versagungen wie ungenügender oder unzuverlässiger Liebe und Zuwendung, die zu der Einstellung führen, daß Beziehungen mit schwer kalkulierbaren Risiken verbunden sind, und man daher besser ohne sie auskommen sollte. Vgl. Oknophile.

prägenital:

Dieses Adjektiv bezeichnet die Triebe, Organisationen und Fixierungen, die während der kindlichen Entwicklung entstehen, in der die libidinöse Energie noch nicht auf den Genitalbereich zentriert ist. In der Psychoanalyse wird der Begriff auch im Zusammenhang mit einer Regression auf frühkindliche Beziehungs- und *Sexualitäts*muster verwendet.

präödipal:

Die präödipale Phase liegt vor dem Einsetzen des Ödipuskomplexes und dem Bezug des Kindes auf seine eigene Sexualität. Dabei bezieht sich dieser Begriff eher als der der Prägenitalität auf das *Beziehungs*muster, das zwischen dem Kind und den Eltern entsteht. Gemeint ist die Zeit vor dem Eintreten in die ödipale Dreiecksbeziehung durchlaufen wird. In dieser Zeit bildet die Mutter das Hauptobjekt für Kinder beiderlei Geschlechts; die Bedeutung des Vaters wird noch nicht erkannt.

Primärobjekte:

Dies sind die ersten Bezugspersonen oder -gegenstände des kleinen Kindes, aus deren Eigenschaften es sich sein eigenes Trieb- oder Beziehungsmuster aufbaut. Durch Objekte kann ein Trieb befriedigt werden (z.B. Mutter, Teller, Löffel bei Hunger). Objekte können ständig wechseln und auch im Körper liegen, sie brauchen also nicht an einen bestimmten Trieb dauerhaft gebunden zu sein. Die an ihnen gemachten Erlebnisse sind später unbewußt und traumnah (Primärvorgänge).

projektive Abwehr, Projektion:

Als Abwehr werden unbewußte psychische Bemühungen bezeichnet, die das Ich vor zu starken und damit u.U. gefährlichen Konflikten und Emotionen schützen sollen. Unter projektiver

Abwehr wird in diesem Zusammenhang verstanden, daß der Patient eigene, unbewußte Vorgänge, die er bei sich selbst verkennt oder nicht wahrhaben will, in der Vorstellung auf andere Menschen überträgt und dort lokalisiert. Wird z.b. jemand gehaßt, wird als projektive Abwehr, wenn Haß nicht zugelassen werden kann, angenommen, daß der Haß eigentlich von dem anderen ausgeht.

Psychose:

Begriff für seelische oder geistige Krankheit sowie für verschiedene Formen des psychischen "Andersseins". Eine Psychose kann organisch bedingt sein (z.b. bei Gehirnschädigungen), oder aus ungeklärter bzw. multifaktorieller Ursache entstehen (z.b. Schizophrenie); verschiedene Kriterien wie der Schweregrad der psychischen Veränderung (Wahn, Halluzinationen, Denkstörungen, Rückzug auf die eigenen Phantasien (Autismus)), fehlende Krankheitseinsicht, mangelnde soziale Anpassung spielen dabei eine Rolle. Die Unterscheidung zwischen Realität und Phantasie ist in der Regel gestört. Die Erkrankung kann ausheilen oder sich im Sinne einer Chronifizierung langsam zum Schlechteren wenden. Angeborene Störungen wie Intelligenzdefekte und abnorme Charakteranlagen sowie Neurosen (siehe dort) werden nicht zu den Psychosen gerechnet. Der Begriff wird in letzter Zeit oft durch den allgemeineren Begriff der "psychotischen Störung" ersetzt.

Reaktionsbildung:

Ein psychischer Abwehrmechanismus, der Verhaltensweisen kennzeichnet, die einem verdrängten Triebwunsch entgegengesetzt sind. Dabei kann die Reaktion auf einen solchen Triebwunsch eine sozial anerkannte Verhaltensweise (z.B. Bescheidenheit statt Gefallsucht) sein. Verläuft der ganze Vorgang (Triebwunsch und Reaktionsbildung), unbewußt, handelt es sich um eine gelungene Reaktionsbildung.

regressiv, Regression:

Wörtlich: Ein Rückschritt in eine frühere, bereits durchlaufene Entwicklungsphase, also auf ein niederigeres als das bereits erreichte Reifungsniveau. In der Psychoanalyse wird damit das Wiederfinden frühkindlicher Erlebnis- und Verhaltensweisen bezeichnet, wobei die kindliche Vergangenheit, die zeitlebens im Unterbewußtsein vorhanden bleibt, wieder aktuell erlebt wird. Regression kann als Form der Abwehr im Zusammenhang mit akuten Konfliktsituationen zustande kommen (Regression des Schizophrenen), kann aber auch therapeutisch ausgenutzt werden, um die einer Neurose zugrunde liegende Gefühlsproblematik bewußter zu machen und aufzuarbeiten.

Reifungsebene:

Als Reifungsebenen werden die Stufen der frühkindlichen Entwicklung bezeichnet. Dabei kommen zum einen die in der Psychoanalyse geschilderten Stufen der Triebentwicklung (orale, anale, ödipale, genitale Stufe) in Betracht, zum anderen aber auch die Stufen der kognitiven oder Denkentwicklung:
- Ungeordnet (postnatal- chaotisch), daran anschließend
- das Märchendenken (animistisch- magische Ebene),
- die Heldenverehrung (mythisches Denken)
- das religiöse Denken in der Pubertät (mystisches Denken)
- die kausal- motivistische Denkweise, in der alles seinen Grund hat, also das teleologische Denken, und schließlich
- das reife, akausale Denken des Erwachsenen.

Sadomasochismus:

Begriff setzt sich aus Sadismus und Masochismus zusammen. **Sadismus** bezeichnet dabei ursprunglich eine "Quälsucht", die oft mit dem Ausleben des Geschlechtsriebes verbunden ist und auf Mißhandlung und Demütigung des Partners zur Überwindung eigener Ängste beim Sexualakt abzielt. Der Sadismusbegriff Freuds bezeichnet jedoch auch Gewalt ohne Sexualität, jedoch oft mit psychischem Lustgewinn und nähert sich so dem Begriff der Aggression. **Masochismus** hingegen bezeichnet einen gegen die eigene Person gewendeten Sadismus (Freud). Die Vorstellung oder Realität, zu leiden oder sich einem Partner zu unterwerfen, wird hier von (sexuellen) Lustgefühlen begleitet (Bedürfnis nach Bestrafung durch eine Autoritätsperson).

Im Sadomasochismus können beide Bestrebungen eine Verbindung eingehen. Beide Triebrichtungen sind (z.b. im Sinne von Behauptung oder Unterwerfung) in vielen sozialen Beziehungen vorhanden. Von eigentlichem Sadomasochismus sollte aber erst gesprochen werden, wenn die Aggression (gegen sich selbst oder einen anderen oder auch gegen beide gleichzeitig) eine dominierende Rolle in der Beziehung einnimmt.

Sublimation, Sublimierung:

Der Begriff stammt ursprünglich aus der Chemie (direkte Umwandlung eines festen in einen gasförmigen Zustand) und wurde in der Psychoanalyse durch Freud dahingehend verwendet, daß die sexuelle Triebenergie in kulturell oder sozial hoch bewertete Aktivität (Kunst, Wissenschaft, Kreativität) umgewandelt werden kann. Dabei kann der nicht ausgelebte Sexualtrieb der Kulturarbeit außerordentliche Kraftmengen zur Verfügung stellen. Im Gegensatz zur Abwehr wird dabei nicht die Triebenergie, sondern nur das Ziel durch ein anderes ausgetauscht, ohne daß es zu einem Verlust der Energie kommt. Sublimation kann auch im Sinne einer Neurose vonstatten gehen.

Übertragung:

Hier überträgt der Patient in einer psychoanalytischen Therapie frühere Erlebnis- und Verhaltensweisen zu nahestehenden Bezugspersonen unbewußt auf den Analytiker. Damit werden unbewußte Wünsche gegenüber bestimmten Objekten im Rahmen eines Beziehungstyps (wie z.B. Vater zu Tochter) wieder neu aktualisiert (Wiederholung kindlicher Vorbilder). Auch, wenn die Übertragung ein Hindernis zum Erleben der eigentlichen Kindheitserinnerungen darstellen kann, ist sie durch die neu und bewußt erlebte Beziehung zu wichtigen Menschen doch von therapeutisch erheblicher Relevanz, so daß sich hier eine wichtige Grundlage der psychoanalytischen Therapie findet. Es sind aber auch z.B. Übertragungen von der Beziehung zum Vater auf den

Partner, von Idealwünschen auf den Partner oder von Rollenerwartungen des Patienten auf den Arzt möglich. Grundsätzlich können feindselige (negative Übertragung) und freundschaftliche (positive Übertragung) Gefühle übertragen werden.

Versagungsdynamik

Nach H. Schultz-Hencke (1940) die psychische Dynamik, die sich in einer Situation entwickelt, in der bestimmte ersehnte Triebziele dem Menschen versagt werden (Zurücksetzung, Niederlagen, Rivalitätskampf) und damit Ausgangspunkt für neurotische Störungen. Wird oft im Zusammenhang mit der (unerfüllten) Versuchungsdynamik erlebt.

Versuchungsdynamik

Dieser Begriff wurde, wie der der Versagungsdynamik, von H. Schultz-Hencke geprägt und ist ebenso an dem Manifestwerden neurotischer Störungen beteiligt. Die Versuchungssituation hat für die Person einen bestimmten Aufforderungscharakter für die Befriedigung bis dahin latent gebliebener Triebe und Bedürfnisse.

9 Literaturverzeichnis

BALINT, M.: Therapeutische Aspekte der Regression. Rowohlt, Reinbek 1973

BLANCK, G., BLANCK, R.: Angewandte Ich-Psychologie. Klett-Cotta, Stuttgart 1978

BLANCK, G., BLANCK, R.: Ich-Psychologie II. Psychoanalytische Entwicklungspsychologie. Klett-Cotta, Stuttgart 1980

CARDINAL, M.: Schattenmund. Rowohlt, Reinbek 1979

CREMERIUS, J.: Gibt es zwei psychoanalytische Techniken? Psyche 7, 577-599, 1979

DAVITZ, J. R.: The language of emotion. Personality and psychopathology. Bd. 6, Academic press, New York 1969.

De LA MOTTE - HABER: Wotan und Brünhilde. Die Tragödie des Vaters in Wagners "Walküre". In: Die Väter, Psychoth. Forum 1983

DEBUS, S., MACHLEIDT, W., HINRICHS, H.: Spectral EEG-Characteristics of Aggression with Respect of Sorrow and Joy. Proceeedings 2nd International Symposium Imaging of the Brain in Psychiatry. Springer, Berlin Heidelberg New York 1991 (i.D.)

DEVEREUX, G.: Baubo. Die mythische Vulva. Syndikat/EVA Bd. 63, Frankfurt/M. 1985

DOWLING, C.: Der Cinderella-Komplex. Die heimliche Angst der Frauen vor der Unabhängigkeit. Fischer, Frankfurt/M., 1986.

DREWERMANN, E.: Der Vater im Märchen. In: Die Väter. Psychoth. Forum 1983

DREWERMANN, E.: Das Mädchen ohne Hände. Grimms Märchen tiefenpsychologisch gedeutet. Walter-Verlag, Olten und Freiburg i. Br. 1988

EKMAN, P.: Gesichtsausdruck und Gefühl. Junfermann, Paderborn 1988

ERMANN, M.: Die Fixierung der frühen Triangulierung. Zur Dynamik der Loslösungsprozesse bei Patienten zwischen Dyade und Ödipuskonstellation. Forum der Psychoanalyse, 1, 93-110, 1985.

FREUD, S.: Bemerkungen zur Übertragungsliebe. 1915. Schriften zur Behandlungstechnik. Ergänzungsband, Studienausgabe S. Fischer, Frankfurt/M. 1975

FREUD, S.: Zur Einleitung der Behandlung. 1913. Schriften zur Behandlungstechnik. Ergänzungsband, Studienausgabe. S. Fischer, Frankfurt/M. 1975

FREUD, S.: Zur Dynamik der Übertragung. 1912. Schriften zur Behandlungstechnik. Ergänzungsband, Studienausgabe S. Fischer, Frankfurt/M., 1975

GREENSON, R.: Technik und Praxis der Psychoanalyse. 260 ff. Klett, Stuttgart 1975

HOFFMANN, S.O.: Psychoanalytische Persönlichkeitspsychologie. In: Psychoanalyse. Hrg.: Mertens, W. Urban und Schwarzenberg München-Wien-Baltimore 1983

IZARD, C.E.: Die Emotionen des Menschen. Beltz, Weinheim und Basel 1981

KAST, V.: Wege aus Angst und Symbiose. dtv, München 1987

KÖRNER, J., ROSIN, U.: Das Problem der Abstinenz in der Psychoanalyse. Forum der Psychoanalyse 1, 25-47, 1985.

KRAUTSCHIK, A.: Wenn Väter fehlen. In: Die Väter. Psychoth. Forum 1983

KRUSE, O.: Emotionsentwicklung und Neuroseentstehung. Perspektiven einer klinischen Entwicklungspsychologie. Klinische Psychologie und Psychopathologie, Bd. 56. Enke, Stuttgart 1991

LACKNER, K.: Töchter. Ihr lebenslanger Abschied von den Vätern. Ariston, Genf 1988

LAPLANCHE, J., PONTALIS, J.-B.: Das Vokabular der Psychoanalyse. 3. Aufl. Suhrkamp, Frankfurt/M. 1986

LEONARD, L.: Töchter und Väter. Heilung und Chancen einer verletzten Beziehung. Kösel, München 1985

LEWIN, B. D.: Das Hochgefühl. Suhrkamp, Frankfurt/M. 1982

LUNGWITZ, H.: Die Psychobiologie der Krankheit. Lehrbuch der Psychobiologie, 6. Bd. 2. Aufl. De Gruyter, Berlin 1954

MACHLEIDT, W., GUTJAHR, L., MÜGGE, A., HINRICHS, M., KÜNKEL, H.: Evaluation of normal depressive episodes by spectral EEG- analysis. Research Communications in Psychology, Psychiatry and Behavior (USA) 1 u. 2, 123-127, 1988

MACHLEIDT, W.: Dynamik emotioneller Abläufe bei Epilepsiekranken. Eine phänomenologisch - EEG - analytische Studie. Fortschr. Neurol. Psychiat. 59, 216-227, 1991

MACHLEIDT, W., GUTJAHR, L., MÜGGE, A.: Grundgefühle. Phäno-menologie, Psychodynamik, EEG-Spektralanalytik. 252 S., 60 Abb., 5 Tab. Monographien aus dem Gesamtgebiete der Psychiatrie Bd. 57. Hrg.: Hippius, H., Janzarik, W., Müller, C. Springer, Heidelberg, Berlin, New York, Tokyo 1989

MACHLEIDT, W.: Suizidalität. In: Psychiatrie, Psychosomatik, Psycho-therapie. Hrsg.: K.P. Kisker, H. Freyberger, H.K. Rose, E. Wulff. 5. Aufl., überarbeitet, Thieme, Stuttgart, 230-238, 1991

MAHLER, M., PINE, F., BERGMAN, A.: Die psychische Geburt des Menschen. Symbiose und Individuation. Fischer, Frankfurt/M. 1984.

MASCHA-BLANKENBURG, E.: Töchter in der Musik. In: Die Väter. Psychoth. Forum 1983

MENTZOS, St.: Hysterie. Zur Psychodynamik unbewußter Inszenie-rungen. Geist und Psyche, Kindler, München 1980

PETERS, U. H.: Anna Freud. Ein Leben für das Kind. 2. Aufl. Kindler, München 1979

PETERS, U. H.: Wörterbuch der Psychiatrie. Urban und Schwarzen-berg, München 1986

PLOTHO, v. I.: "Ich mag Männer ..." Vater und Tochter. In: Frauen und Therapie, Hrg.: R. Frühmann, 361-373 Junfermann, Pader-born 1985

ROTMANN, M.: Über die Bedeutung des Vaters in der "Wieder-annäherungs-Phase". Psyche 12, 1105-46, 1978

SCHULTZ-HENCKE, H.: Lehrbuch der analytischen Psychotherapie. Thieme, Stuttgart 1965

SCHUR, M.: Freud. Living and dying. The International Psychoanalytical Library. No. 92. The Hogarth Press, London 1972

STEFFENS, W.: Zur Psychodynamik der Vater- Tochter- Beziehung in der Adoleszenz. Psychother. Med. Psychol., 36, 215-22, 1986.

THEWELEIT, K.: Männerphantasien. Bd. 1. Frauen, Fluten, Körper, Geschichte. Verlag Roter Stern, Frankfurt/M. 1977

THEWELEIT, K.: Männerphantasien. Bd. 2. Männerkörper. Zur Psychoanalyse des weißen Terrors. Verlag Roter Stern, Frankfurt/M. 1978

THOMÄ, H.: Vom spiegelnden zum aktiven Analytiker. Schriften zur Praxis der Psychoanalyse. 123 ff. Suhrkamp, Frankfurt 1981.

WOLLER, H.: Aschenputtel. Die Energie der Liebe. Kreuz-Verlag, Zürich 1984